知れば知るほど面白い
空海と密教

監修　島田裕巳

宝島
SUGOI
文庫

宝島社

本書は2011年7月に小社より刊行した別冊宝島1781号『まんがと図解でわかる 空海と密教』
に加筆・修正を行い改訂し、文庫化したものです。

編集協力 ● 神崎宏則、小田立子、日下淳子
取材・文 ● 平瀬菜穂子、小林千穂、横田雅子
小田立子、日下淳子、乙野隆彦
図版カット・マップ作成 ● 宮下やすこ
DTP ● 株式会社ユニオンワークス
装丁 ● 妹尾善史（landfish）
カバーイラスト ● 田尻真弓

日本の仏教とは、空海が伝えた密教である

——はじめに——

チベット仏教は、チベット密教と呼ばれることもあるように、神秘的な力を操作して数々の利益《りやく》をもたらす密教の信仰が核になっている。

実は日本仏教もまた密教が核になっている点で、チベット仏教と共通している。たとえば、日本に密教が本格的に伝えられるのは平安時代になってからだが、それ以前に成立した奈良仏教の薬師寺には「修験咒師本部」という部署があり、一年に一度護摩《ごま》を焚いて密教の祈祷《きとう》を行っている。

仏教宗派の中で、真言宗は密教を基盤に形成されているし、天台宗でも密教が深く浸透している。実は禅宗にも、日蓮宗にも、密教の強い影響がある。直接的な影響を受けていないのは浄土宗や浄土真宗といった浄土系の宗派だが、念仏自体、もとは密教の行として始まっている。

さらに平安時代からは、土着の神道と外来の仏教が習合した「神仏習合」の信仰が広まっていくが、それは簡単にいってしまえば、神道の世界を密教の教義によって解釈したものである。神道の聖地は密教の曼荼羅《まんだら》にたとえられていく。皇室の祖先神である天照大神《あまてらすおおみかみ》を祀る伊勢神宮にさえ、中世には密教の祈祷所が設けられていた。

明治維新の際の「神仏分離」や「廃仏毀釈《はいぶつきしゃく》」の影響で、密教が排除されてしまったところもあるが、その痕跡はいたるところに見出すことができる。密教は一時日本の仏教界、宗教界を席捲《せっけん》した。

日本には仏教が伝えられてから1500年近い歴史があるが、大乗仏教の信仰をそれだけ長く受け継いでいる国は他にない。それも、密教という具体的な利益を与えてくれる信仰がその核をなしてきたからだ。その点では、日本仏教は「日本密教」に他ならないともいえる。

その密教を日本に本格的な形で伝える上で、真言宗の開祖となった空海の影響は大きい。空海と同じときに遣唐使の一行として唐に渡った最澄も密教を日本にもたらしたが、部分的な修得と実践にとどまった。最澄の開いた天台宗では、その後、いかに密教の修得と実践で真言宗に追いつくかが課題になった。

空海と最澄とを比較したとき、最澄のほうが僧位が高いというイメージがある。しかし、空海には書の才能があり、それは本場の唐でも高く評価された。当時、書を学ぶには、中国の書家の書体に通じていなければならず、それを学べるのはエリート階級出身の子弟に限られていた。しかも、唐から戻った空海は、やはり書の名人だった嵯峨天皇と親交を結んだ。空海がいかに当時の最高のエリートだったかがわかる。

空海が唐に渡り、都の長安で中国密教の正統的な継承者である青龍寺《しょうりゅうじ》の恵果《けいか》から学ぶ際に、彼は天皇の親書を携えていたし、かなりの額の金品を所持していた。だからこそ大量の密教関係の経典や法具を持ち帰ることができた。亡くなる前には、宮中に真言密教の儀礼を行うための真言院を設けることにも成功する。この儀礼は天皇の安全を祈願するためのもので、空海は密教を日本でもっとも重要な信仰にまで高めたことになる。

一方で、死後の空海は、弘法大師として庶民の信仰を集めるようになる。四国遍路で「同行《どうぎょう》二《に》人《にん》」ということがいわれるのも、お遍路には常に弘法大師が付き添っているという信仰があるからだ。お遍路は最後に空海の眠る高野山を訪れる。空海は亡くなったのではなく、高野山の奥の院で生きたまま往生をとげたという入定《にゅうじょう》伝説も確立されている。

日本の仏教を知るには、密教を知り、空海を知らなければならない。この本が、そのための最初のステップになれば幸いである。

［宗教学者・作家］

目次＆本書の読み方

第2章　「即身成仏」って何？

――密教の〝悟り〟が人生にもたらすもの――

第3章 曼荼羅と仏像の意味
——密教美術に秘められた奥深き仏の世界——

第4章 密教の修行とは？

——密教に生き、新たな生命を得るために——

本書の読み方

各節のタイトル部には、内容のイメージにちなんだ漢字と梵字をあしらっています。

キーワード
KEYWORD

その節で紹介する内容に関連した重要なキーワードを解説しています。

KEYWORDに取り上げている用語は、このように文中で強調してあります。

関連する空海の言葉

空海の著作より、彼が遺した言葉を紹介しています。

※紹介している空海の言葉は、原文（漢文）の書き下し文です。書き下し文の表記は、P.221に示した「空海の言葉」参照文献に挙げた資料からの引用を基本としています。

空海に学ぶ

その節の内容を簡潔にまとめています。

まとめ図解

その節で紹介する内容を図や写真を用いて整理しています。

〈注〉
※本書では、監修者のアドバイスをもとに、現代人が生きる上で参考になる世界観、人生観を中心に密教の要点を一部大胆に、わかりやすくまとめています。

序章

仏教って何？密教って何？

――仏教における人生の目的とは？――

仏教は、私たちには馴染みのある宗教思想だが、その目的とは何か、と問われると、意外と答えに詰まるものだ。ここではまず、仏教全体に共通する理念について確認し、空海が日本に持ち帰った密教の特徴を簡単に確認しよう。

ああ、自宝《じほう》を知らず、狂迷《きょうめい》を覚《かく》と謂《おも》えり。

――『秘蔵宝鑰』――

ああ、迷う者は自分の中に眠る宝を知らない。
狂おしく迷っているのにそれを悟りだと思っている。

意外と知らない 仏教の基礎知識①

質問します

仏教の目的って何？

お答えします

繰り返す永遠の生死の輪を逃れ、永遠の幸せを手に入れること

繰り返される苦悩の人生から自由になる秘密を知りたい

仏教は、紀元前5世紀頃のインドに生まれたシャーキャムニ（釈迦牟尼）を開祖とする宗教。多数の教理的立場があるが、いずれも釈迦を仏（ブッダ＝悟りを得た者）として崇拝し、その教えに従って生きることを前提とする。

仏教の目的は（どの宗教でもそうだが）、幸せで不安のない人生を送ること。この険しい人生、悩みや苦しみから解放され、本当の意味で自由な気持ちで生きることだ。

仏教では「人は生死を永遠に繰り返す」という「輪廻《りんね》」の思想が前提にあるため、いかにこの輪廻のリングから脱出する（解脱《げだつ》する）かが根本的なテーマとなっている。

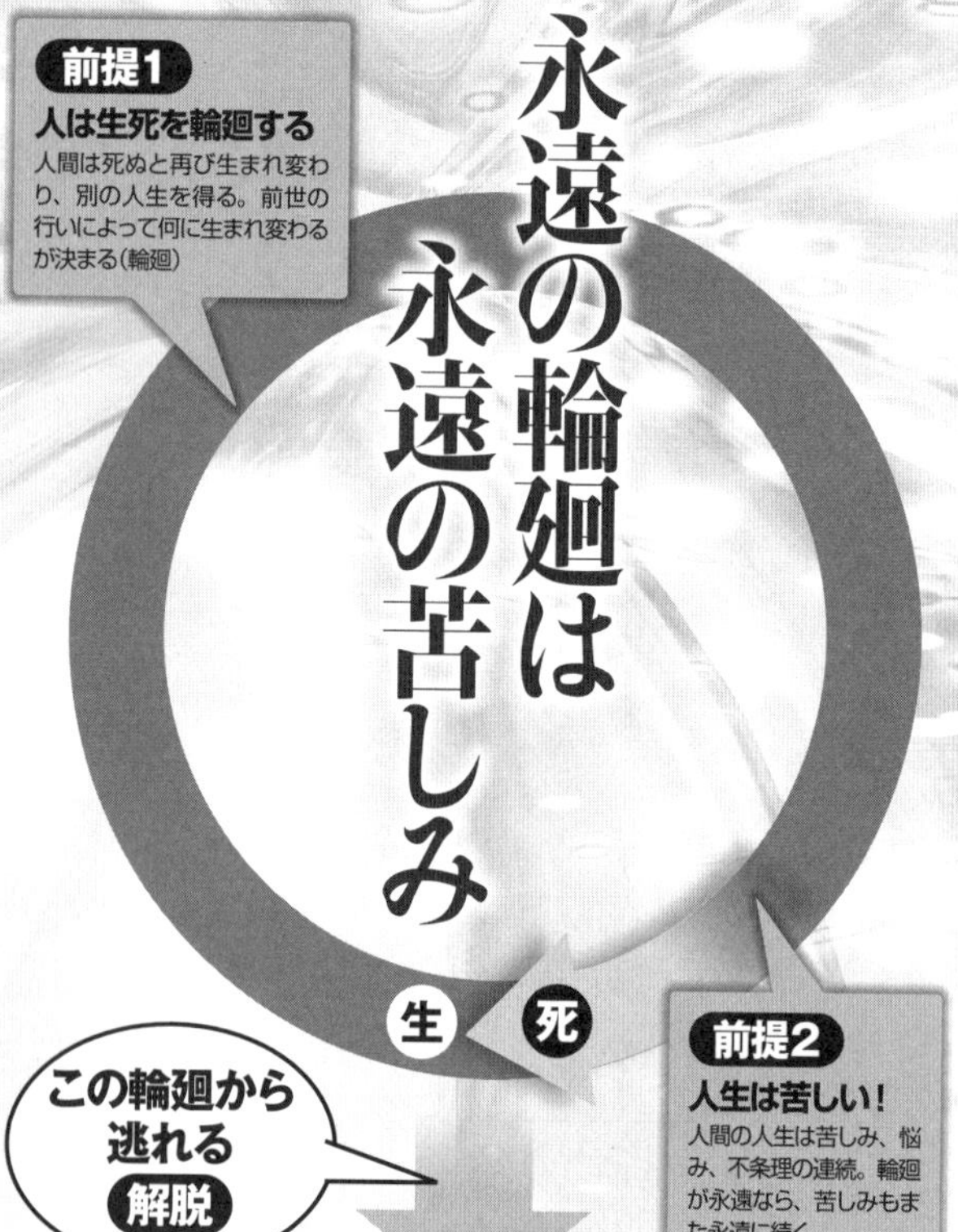

永遠の輪廻は
永遠の苦しみ
前提1
人は生死を輪廻する
人間は死ぬと再び生まれ変わり、別の人生を得る。前世の行いによって何に生まれ変わるが決まる（輪廻）
生
死
前提2
人生は苦しい！
人間の人生は苦しみ、悩み、不条理の連続。輪廻が永遠なら、苦しみもまた永遠に続く
この輪廻から逃れる
解脱
苦しみから救われ、幸せになれる
仏になる

■初期の仏教の歩み

前463頃	シャーキャムニ(釈迦牟尼)誕生。29歳で出家、35歳で悟りを開く
前383頃	80歳で入滅(生没年には諸説あり)。その後、原始仏教教団の誕生。
前3世紀～紀元前後頃	やがて2大勢力に分裂(後の上座部仏教・大乗仏教) 20近い派閥(部派)がそれぞれの教義で活動する(部派仏教時代)
1世紀頃	大乗仏教の勢力が盛んになる(以後、チベット、中国、日本に広がる)
6世紀頃	初期密教が登場する(以後、ネパール、中国、チベット、日本に広がる)

仏教はキリスト教、イスラム教と並び、世界三大宗教の1つ。信者は5億人程度といわれ、ヒンドゥー教徒の半分にも満たないが、異文化を超えて伝播した点で、ヒンドゥー教などにはない普遍的な説得力を持っているといえる。

意外と知らない 仏教の基礎知識②

質問します

仏教の教えって何？

お答えします

人生の真理を理解し、実践すれば、悟りを得て解脱できる

人生の真理を踏まえて正しい行動を積み重ねる

悟りを開くには何をどうすべきか？

釈迦が説き、宗派にかかわらず共有されている仏教の重要な教えが「四諦《したい》」と「八《はっ》正道《しょうどう》」だ（22〜24ページの図）。

四諦とは4つの真理、八正道とは、実践すべき8つの正しい行いのこと。悟りのための代表的な修行方法である。

特にこの修行を重視したのが上座部仏教（小乗仏教）。では、出家をしない在家の者は救われないのか？

「そんなことはない。仏教は、出家していない大衆も救うことができる」

この立場から生まれた流れが大乗仏教だ。大乗仏教からは、その教理的主張を補強するために、さまざまな経典が生まれた。

大乗仏教は、空《くう》の思想を理論化し、「あらゆるものは固有の実体を持たない」との立場から、何ものにも執着しないこと、それを通して自らに眠る「仏になれる性質（仏性《ぶっしょう》）」に気づくこと、空なる世界が仏の慈悲で満ちていることに気づくこと、などを基本理念として重要視した。

初期仏教〜上座部仏教の考え方

前提 四諦《したい》

（人生を理解するための4つの真理）

❶苦諦《くたい》

人生は苦しみに満ちている。人間とは、生きること、老いること、病気になること、死ぬことに苦悩する存在である

❷集諦《じったい》

「集」とは原因のこと。生きる苦しみが生じる原因は、煩悩を抱き、欲望が満たされないことに不満を抱くからという真理

❸滅諦《めったい》

苦しみは煩悩があるから訪れる。ならば、煩悩を滅すれば、心は静寂になり、苦しみは生まれず、悟りの境地に近づくという真理

❹道諦《どうたい》

悟りの境地に至る道は、正しい行動の実践によって進んでいくことができる、という真理。その行動規範となるのが八正道である

実践 八正道

（修行のためにとるべき行動）

真理を知り、正しい実践（修行）を重ねれば、悟りを開き、仏になれる！

❶正見《しょうけん》

正しくものを見ること。四諦を正しく理解し、それをもとに事象を理解すること

❷正思惟《しょうしい》

正しく思考すること。欲望を認識した上で、それにとらわれず、穏やかでいること

❸正語《しょうご》

偽りのない言葉を用いること。嘘、悪口、虚飾などは言わないこと

❹正業《しょうごう》

正しい行為をすること。殺生や盗みをせず、肉欲に飲み込まれず、理知的に振る舞うこと

❺正命《しょうみょう》

正しい生活を営むこと。よこしまな商いをせず正直に生きること

❻正精進《しょうしょうじん》

正しい努力を行うこと。近道や安易な方法を求めず、まっとうに悟りの境地を目指すこと

❼正念《しょうねん》

正しく思慮深い心を保つこと。すなわち、欲望ではなく、釈迦の教えにのみ心を傾けること

❽正定《しょうじょう》

正しい精神統一（瞑想）を行うこと。仏を思い、心を適切に安定させること

出家をしなくても救われる道が必要だ！

大乗仏教の登場

基本理念

空　：この宇宙の一切は実体を持たない「空」である
仏性：すべての存在には仏になれる性質（仏性）がある
慈悲：宇宙は仏の慈悲に満ちている

おもな経典

般若経

完全なる智慧（般若波羅蜜多）を説き、空の思想を説く。般若経のエッセンスがまとまっているのが般若心経（P.116）。大乗仏教の原点ともいえ、多くの宗派で重視される

法華経

蓮の花のように正しい教え、の意味。たとえ話を多用して仏の教えを説く。その注解書に『摩訶止観』などがあり、天台宗などが特に重視する

華厳経《けごんきょう》

釈迦が菩提樹の下で行った説法をまとめたとする。悟りに至るための実践について説く。東大寺を大本山に持つ華厳宗などで重視される

阿弥陀経

『無量寿経』『観無量寿経』とあわせて浄土三部経と呼ばれる。阿弥陀浄土の様子を語り、念仏によって救われるとの教えを説く。浄土教などが重視する経典

意外と知らない 仏教の基礎知識③

質問します

密教ってどんな仏教？

お答えします

宇宙の根本原理からの
教えを直接学び、
一生のうちに悟りを開く

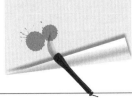

宇宙の根本原理から直接真理を体得する

空海が唐に渡り、日本に持ち帰った仏教が密教だ。つまり、空海が開いた真言宗は、密教の宗派ということになる。

密教とは「隠された教え」という意味。対する他の仏教の立場を顕教《けんぎょう》といい、こちらは、（言葉によって）明らかにされた教え、という意味だ。顕教は、おもに経典の研究によって悟りの真髄に迫ろうとする。

一方、密教は、宇宙の生命の根源とみなされる「大日如来」から、直接悟りの真理を体得しようとする。顕教が仰ぎ、学ぶ対象とする釈迦やその他の如来、菩薩などは、密教側からは、すべて大日如来の現れの一つと位置づけられる。

…顕教

言葉の理解を通して真理を得ようとする仏教の立場。ただし、「顕教」は密教側からの用語

…密教

言葉にはできない秘密の教えを体験的に学ぼうとする仏教の立場。身体を酷使する修行を重視

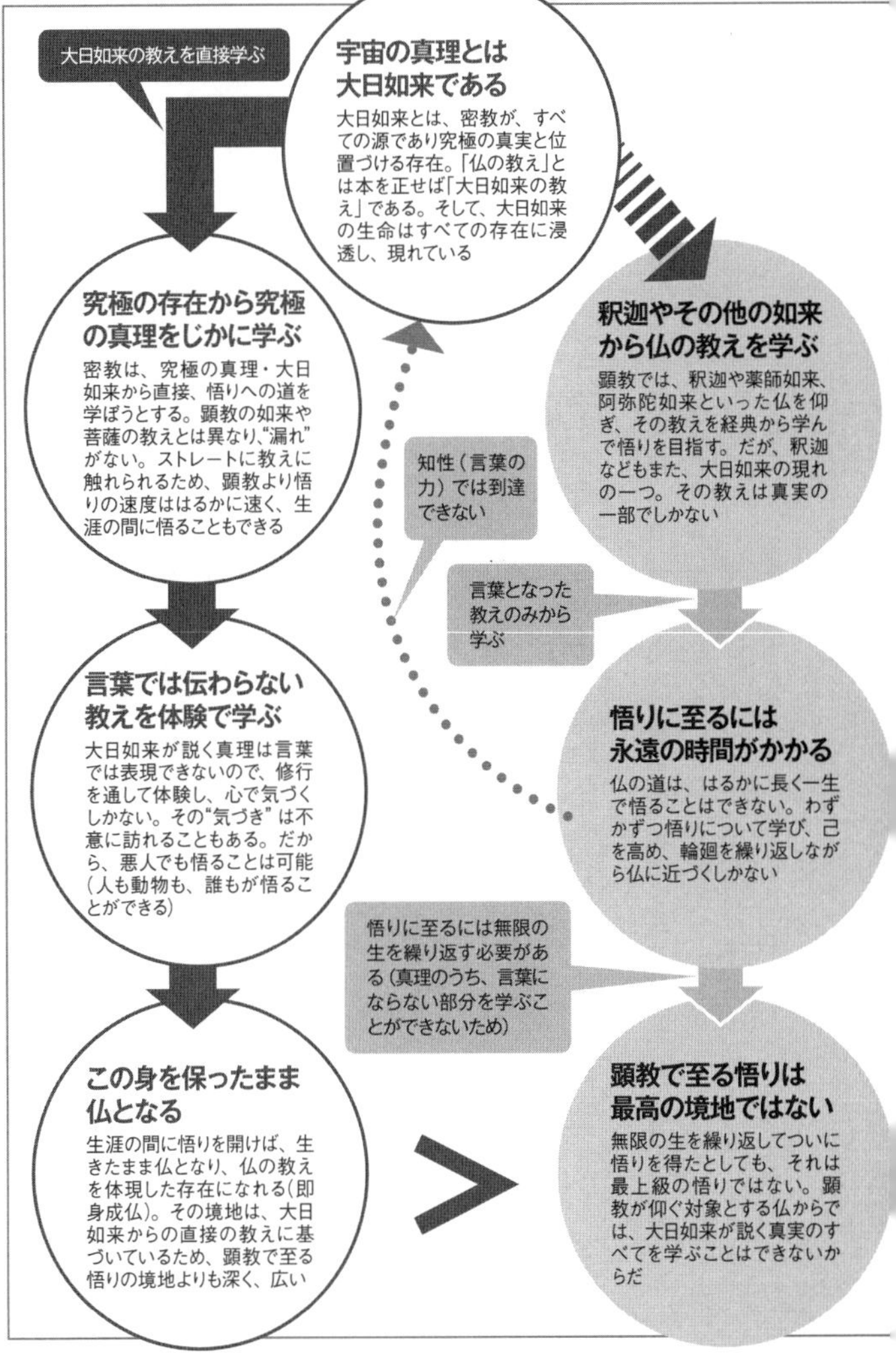
大日如来の教えを直接学ぶ
宇宙の真理とは
大日如来である
大日如来とは、密教が、すべての源であり究極の真実と位置づける存在。「仏の教え」とは本を正せば「大日如来の教え」である。そして、大日如来の生命はすべての存在に浸透し、現れている
究極の存在から究極の真理をじかに学ぶ
密教は、究極の真理・大日如来から直接、悟りへの道を学ぼうとする。顕教の如来や菩薩の教えとは異なり、“漏れ”がない。ストレートに教えに触れられるため、顕教より悟りの速度ははるかに速く、生涯の間に悟ることもできる
釈迦やその他の如来から仏の教えを学ぶ
顕教では、釈迦や薬師如来、阿弥陀如来といった仏を仰ぎ、その教えを経典から学んで悟りを目指す。だが、釈迦などもまた、大日如来の現れの一つ。その教えは真実の一部でしかない
知性（言葉の力）では到達できない
言葉となった教えのみから学ぶ
言葉では伝わらない
教えを体験で学ぶ
大日如来が説く真理は言葉では表現できないので、修行を通して体験し、心で気づくしかない。その“気づき”は不意に訪れることもある。だから、悪人でも悟ることは可能（人も動物も、誰もが悟ることができる）
悟りに至るには
永遠の時間がかかる
仏の道は、はるかに長く一生で悟ることはできない。わずかずつ悟りについて学び、己を高め、輪廻を繰り返しながら仏に近づくしかない
悟りに至るには無限の生を繰り返す必要がある（真理のうち、言葉にならない部分を学ぶことができないため）
この身を保ったまま
仏となる
生涯の間に悟りを開けば、生きたまま仏となり、仏の教えを体現した存在になれる（即身成仏）。その境地は、大日如来からの直接の教えに基づいているため、顕教で至る悟りの境地よりも深く、広い
＞
顕教で至る悟りは
最高の境地ではない
無限の生を繰り返してついに悟りを得たとしても、それは最上級の悟りではない。顕教が仰ぐ対象とする仏からでは、大日如来が説く真実のすべてを学ぶことはできないからだ

COLUMN

空海の教えがここまで広がる！真言宗宗派の系統

空海が入定《にゅうじょう》後、密教の教えは実慧《じちえ》、真済《しんぜい》、真雅《しんが》などの弟子たちによって受け継がれていき、現在ではさまざまな宗派へと広がっている。長い年月の中、少しずつ儀式や解釈の違いが生まれ、大規模な改革を行った覚鑁《かくばん》の流れを汲む頼瑜《らいゆ》が新義真言宗を開いた。それに対し、高野山を中心とした系統は古義真言宗と呼ばれている。ただし、どちらも教義に大きな違いはない。

歴史を超えて浸透した真言宗

全国に広がり信仰を集めた真言宗だが、明治時代の廃仏毀釈によって仏教は排撃され、寺院の打ち壊しなどで大きな打撃を受けた。また、太平洋戦争中は政府の方針で、「大真言宗」として分派が無理に一つの流派としてまとめられていた。戦後にまた分立、独立を繰り返し、29ページに示した宗派以外にも、密教に影響を受けた新宗教が数多く存在する。

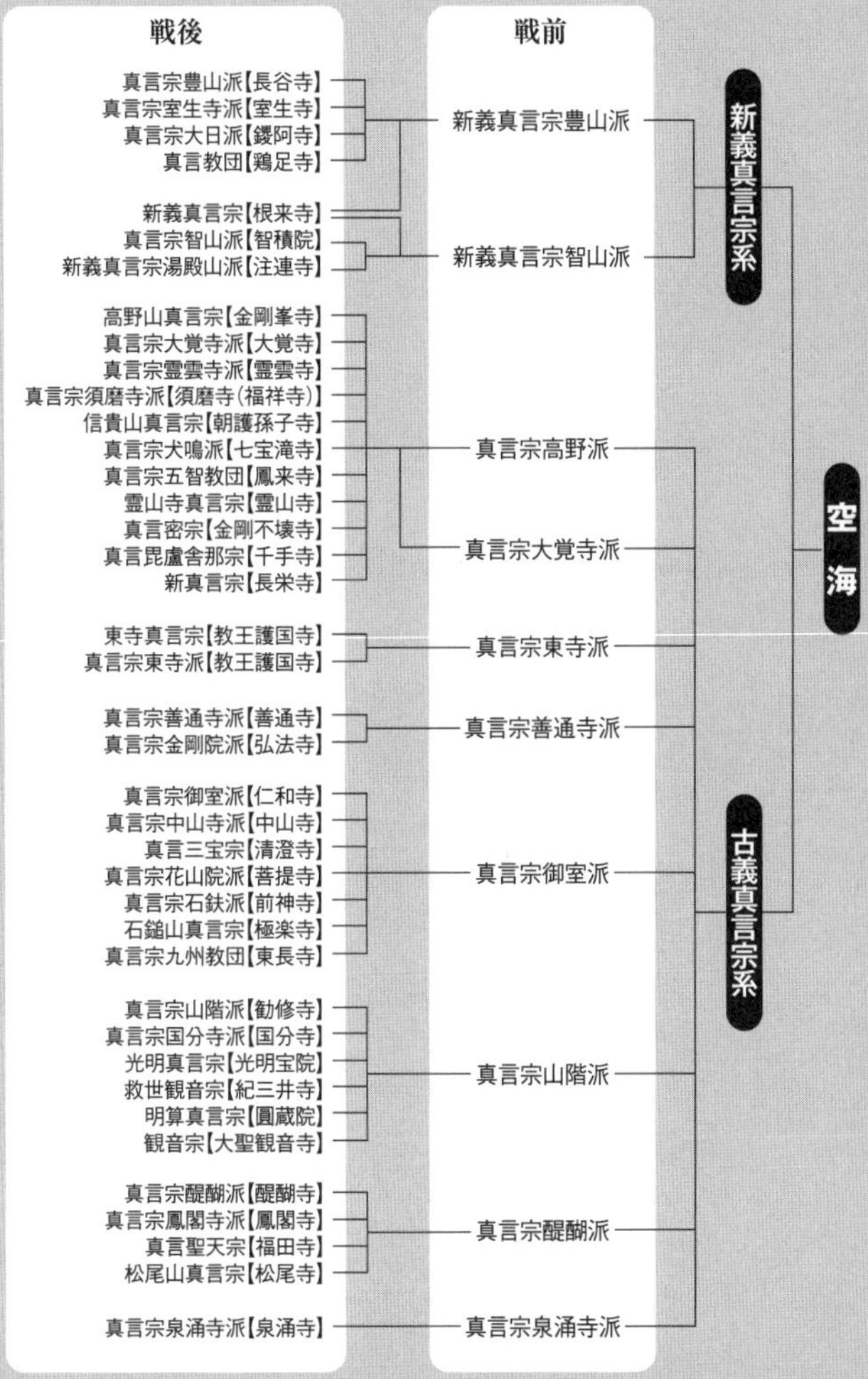
戦後
戦前
真言宗豊山派【長谷寺】
真言宗室生寺派【室生寺】
真言宗大日派【鑁阿寺】
真言教団【鶏足寺】
新義真言宗【根来寺】
真言宗智山派【智積院】
新義真言宗湯殿山派【注連寺】
新義真言宗豊山派
新義真言宗智山派
新義真言宗系
高野山真言宗【金剛峯寺】
真言宗大覚寺派【大覚寺】
真言宗霊雲寺派【霊雲寺】
真言宗須磨寺派【須磨寺(福祥寺)】
信貴山真言宗【朝護孫子寺】
真言宗犬鳴派【七宝滝寺】
真言宗五智教団【鳳来寺】
霊山寺真言宗【霊山寺】
真言密宗【金剛不壊寺】
真言毘盧舎那宗【千手寺】
新真言宗【長栄寺】
真言宗高野派
真言宗大覚寺派
空海
東寺真言宗【教王護国寺】
真言宗東寺派【教王護国寺】
真言宗東寺派
真言宗善通寺派【善通寺】
真言宗金剛院派【弘法寺】
真言宗善通寺派
真言宗御室派【仁和寺】
真言宗中山寺派【中山寺】
真言三宝宗【清澄寺】
真言宗花山院派【菩提寺】
真言宗石鉄派【前神寺】
石鎚山真言宗【極楽寺】
真言宗九州教団【東長寺】
真言宗御室派
古義真言宗系
真言宗山階派【勧修寺】
真言宗国分寺派【国分寺】
光明真言宗【光明宝院】
救世観音宗【紀三井寺】
明算真言宗【圓蔵院】
観音宗【大聖観音寺】
真言宗山階派
真言宗醍醐派【醍醐寺】
真言宗鳳閣寺派【鳳閣寺】
真言聖天宗【福田寺】
松尾山真言宗【松尾寺】
真言宗醍醐派
真言宗泉涌寺派【泉涌寺】
真言宗泉涌寺派

第1章

空海ってどんな人？

——自ら道を切り開く、たくましきエリート——

空海が留学した9世紀初頭、密教は中国でもっとも盛んな最先端の仏教思想だった。将来を期待されて大学に入った空海は、世の不条理に疑問を感じて退学、唐を目指す。密教を真言宗として日本に根づかせた彼の使命感とその生涯を見てみよう。

大悲胎蔵大曼荼羅に臨んで、
法によって花を抛《なげう》つに、
偶然にして中台《ちゅうたい》毘盧遮那《びるしゃな》如来《にょらい》の
身上に着く。
阿闍梨讃《さん》して曰く、不思議不思議なりと、
再三讃歎したもう。

――『請来目録』――

曼荼羅《まんだら》に臨んで守り本尊を決めるために華を投げたら、
偶然にも大日如来の上に落ちた。
恵果阿闍梨は驚きほめて、
「不思議だ。不思議だ」と繰り返し賛嘆された。

智 1節 出世を目指して上京し、世の中の不条理を実感

蓄えた知識でも解決できない「問題」はある

幼い頃から優秀だった空海は、一族の期待を一身に受け、官僚養成校へ入学する。しかし、そこで学ぶ内容と、官僚になるという将来に疑問を感じ苦悩する。

神童の誉れ高き少年官僚を目指し大学へ入学

空海は、奈良時代の後半、774年に現在の香川県善通寺市にあたる讃岐国《さぬきのくに》多度郡屏風ヶ浦で生まれ、真魚《まお》と名付けられた。生家は代々その地域を治めてきた名門の家柄である。

真魚は幼い頃から非常に聡明だった。12歳になると〝国学〟という国ごとに置かれた学校に通い、群を抜く成績を収め、神童といわれた。一族は彼に都での立身出世を期待。真魚はそれに応えようと、国内唯一の官僚養成学校である〝**大学**〟への入学を目指した。

15歳になると、京都南部に位置する新都・長岡京へ向かう。天皇子息の教育係を務

めるほどの大学者である母方の伯父のもとで儒教の手ほどきを受け、18歳で大学に入学した。

大学で猛勉強するも学問と将来に疑問を感じる

大学での学問は、中国の書物の暗記に重点を置いていた。真魚も先人たちの知識を必死に吸収。その猛勉強ぶりには、教官たちも舌を巻いたという。

しかし、やがて真魚は、いくら知識を蓄えても「世界とは何か？　宇宙とは、人間とは、自分とは何か？」といった、根源的な疑問への答えは見つからないことに気がついた。しかも、都で暮らし、学問を重ねるほど、世の中の不条理を痛感する。懸命に働く一般庶民が貧しく暮らす一方、貴族は栄華を極めている。この不条理は、学問では解決できないことに気づいたのだ。

このまま出世したところで、芽生えた疑問は消えないだろう。真魚は次第に、大学で学ぶことや官僚という進路に疑問を感じるようになった。

空海に学ぶ

大学の学問は古人《いにしえびと》の偉業の残骸。そこに世の中の不条理を解決する真理はない。

キーワード KEYWORD 大学

都にただ一つ置かれた官僚養成機関で、正しくは「大学寮」。原則、高位の貴族の子弟だけが入学資格を持つが、位の低い者でも優秀ならば入学を許されたという。当時は中国にならった政治体制だったため、論語など古代中国の儒家思想をもとに、中国の歴史や法律、漢詩文、算術、書法などを教えた。

関連する空海の言葉

道を学んで利を謀《はか》らず。

──『遍照発揮性霊集』──

解説 学問の意味とは何だろうか。それは道を学ぶためのものであって、自らの利益を追いかけるためのものではない。見せかけの利益に振り回されるのはつまらないことだ。

はじめは出世のために大学に入った空海だったが、やがて彼は本当に人を幸せにする道を求めるようになる。

まとめ図解 空海が生まれ、出家に至るまで

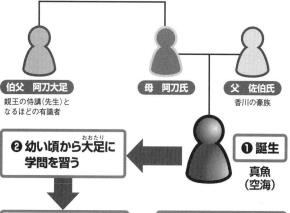

伯父　阿刀大足
親王の侍講（先生）となるほどの有識者

母　阿刀氏

父　佐伯氏
香川の豪族

❶ 誕生
真魚（空海）

❷ 幼い頃から大足《おおたり》に学問を習う

❸ 大学へ入学し、官吏としての出世を目指す

❹ 修行者に会い、呪文100万回を100日で唱える修行をする
→名誉や富に関する欲望がなくなる

出家へ

貧富の格差は、どういう因縁で起こるのだ…

当初は役人を志した空海

立身出世主義の世の中で、大学はエリートコースに行くための学校だった。空海は、儒教を教える明経科に入学。儒教は、孔子の思想や信仰をもとにした考え方で、国家や家族を大切にする思想を持っていた。そして、明経科を出た者は都の役人になれ、出世が約束された時代だった

檄 2節

仏教を志し唐へ！ 官僧となり「空海」を名乗る

ありきたりの道を捨てて「自分の人生」を生きる

真魚は、自分が求める答えは仏教にあると確信。大学を中退して仏道に入った。日本の仏教を修めつつも限界を感じ、やがてその〝本場〟、唐を目指す。

理想を究めるため大学を中退して仏道へ

世の中の不条理について真剣に悩み始めた頃、真魚は一人の修行僧に出会った。彼は朝廷から認可されていない〝私度僧〟だが、だからこそ、政治力を増大させ堕落した官僧にはない求道心があった。真魚はその姿に感銘を受け、仏道に進むことを決意する。

大学を中退し、仏道修行を開始。生まれ故郷の四国の山々を歩いて思索を深め、「**虚《こ》空《くう》蔵《ぞう》求《ぐ》聞《もん》持《じ》法《ほう》**」という厳しい修行に取り組んだといわれる。さらに寺院を巡り、当時日本にあった宗派の教理を学び尽くす。だが、彼には、どれも究極の教えとは思えなかった。

日本の仏教では物足りない究極の教えを求めて唐へ

そんな折、現在の奈良県橿原《かしはら》市にある久米寺で密教の根本経典『大日経』を発見。真魚はそこに自分が求める真理が隠されていると確信。だが、梵語（サンスクリット語）で書かれており、その内容は理解できない。

「読み解くには唐に行くしかない！」。真魚は手を尽くし、804年に出港する第16次遣唐船の使節の一員になる。前年に出港したこの船は、嵐に遭い、修理のため帰港していた。その間、欠員が出たのでチャンスがあったのだ。

奇しくもこの遣唐船団（合計4隻）の別の船には、後に天台宗の開祖となる最澄も乗り込んでいた。

真魚は、遣唐船が出港するまで奈良の大安寺で唐で修行した僧から唐の言葉を学ぶ。出港のわずか1週間前に僧侶としての正式な手続きを行い、朝廷から認可を受けた官僧になる。その際、名を「空海」に改めた。31歳のことである。

空海に学ぶ

究極の教えは海の向こうにある！人生の理想のために、あらゆる手を尽くせ。

キーワード
KEYWORD

虚空蔵求聞持法《こくうぞうぐもんじほう》

奈良時代に中国から伝わっていた密教の修行法。虚空蔵菩薩求聞持法ともいう。虚空蔵菩薩とは智慧や知識、記憶をもたらす菩薩。その真実の言葉（真言）を、100日間かけて、100万回唱えれば、あらゆる経典を記憶し、理解して忘れることがなくなるという。途中でやめると発狂するとまでいわれる荒行。

関連する空海の言葉

親を辞して師に就《つ》き、飾を落《おと》して道に入《い》る。

――『恵果和上碑』――

解説 親への孝心を振り払って唐を目指した空海。髪の毛をそり落として仏道に入り、師、恵果と出会ったときのことを振り返っている。仏道という自分の道を貫くには、親を捨て、髪を捨て、質素に生きなければならない。

大切なものを手に入れるには、同じくらい大切なものを捨てる覚悟が必要なのだ。

まとめ図解 空海が唐を往復した経路

当時、唐への渡航は命がけで、空海が平安京を出発してから長安にたどり着くまで、約半年の月日がかかった

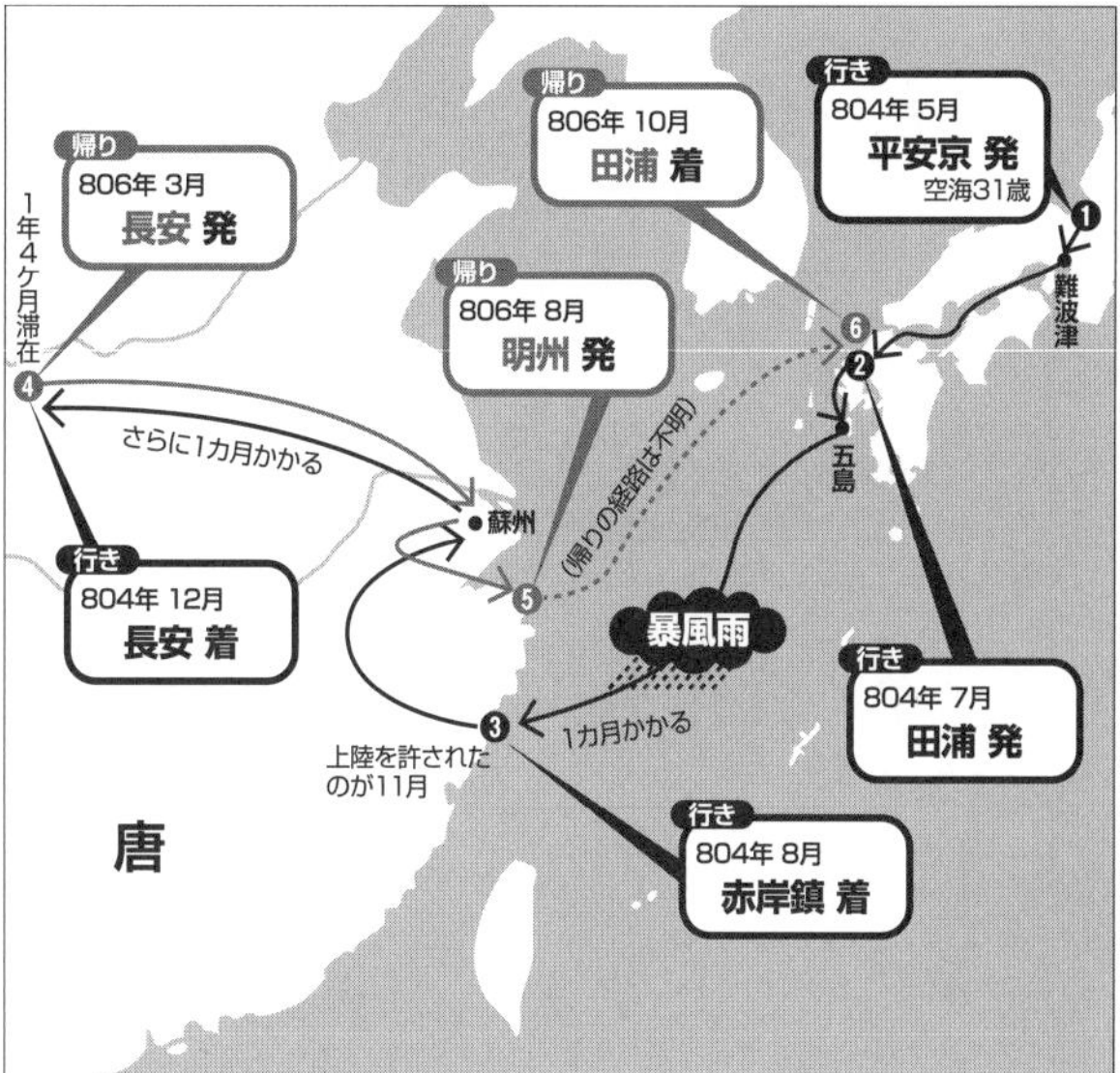

智 3節 仏道に入る決意を『三教指帰《さんごうしいき》』で語る

〝人間の真の理想〟は仏教で追究できる！

空海は、唐に渡る前、出家の決意を『三教指帰』という本に著している。儒教、道教、仏教の本質を比較して仏教に軍配を上げた内容だ。24歳の著作である。

仏道に入る苦悩と決断を物語として著す

大学を無事に修了すれば官僚として将来は安泰だったにもかかわらず、あてのない仏道に入ろうとする空海に、親戚や友人は激しく反対した。大学中退は、両親や一族の期待のみならず、朝廷の期待をも裏切ることになるからだ。

空海は、厳しい修行の合間にも、彼らを裏切った思いに深く苦悩していた。だが、彼は、自分が本当に不忠不孝だとは、どうしても思えなかった。仏道に入って〝人間の真の理想〟を追究しようとすることは、高みから見れば本当の意味で忠孝になるはずだからだ。

そこで空海は、自らが仏道を決意するまでの道のりを『**三教指帰**』という物語を通して著すことにした。

青年が改心する物語で仏教の優位性を示す

三教指帰は、素行が悪く本能のまま快楽を求める青年を戒《いまし》めるために、儒学者、道教の修行者、若い僧侶が招かれ、それぞれが順に教えを説いていくという構成。最終的に、若い僧侶が説く大乗仏教の教えを聞いて、青年だけではなく、儒学者と道教の修行者も自らの信念が間違いであったと改心する。

序文には、物語を創作した動機は、自らの大学中退を非難する人たちへの主張と、素行の悪い甥に正しい生き方を教えるため、と語られている。

だが、実際の動機はそれだけではない。〝堕落した青年〟の姿は、当時の富裕層の風潮や不条理な政治体制への批判でもある。さらに、さまざまな思想や宗教が乱立し混乱する社会に、統合の方向を示し、世を仏教で導きたい、という思いも込められているのだ。

空海に学ぶ

目先の期待に背いてできる恩返しもある。真の理想の追究こそ本当の忠孝である。

キーワード KEYWORD 三教指帰《さんごうしいき》

空海が24歳のときに執筆した『聾瞽指帰《ろうこしいき》』という書物を、後に序文を書き換え、字句を修正し、3巻に分けたもの。青年期の苦悩をどう乗り切って自分の道を決定したかを示した「出家の宣言書」であると同時に、そのいきさつを戯曲の形で表して、当時の教えを代表する仏教、道教、儒教の優劣を明確にした。

関連する空海の言葉

因果の哀しみ休《や》まず。目に触れて我を勧める。誰が能《よ》く風を係《つな》がん。

――『三教指帰』――

解説　人の世の悲しみが私の心に響いてやむことがない。目に触れるものすべてが、私が仏道を目指すように勧めているようだ。それは吹く風にも似ている。決してつなぎ止めることも、引き留めることもできない。

空海は、『三教指帰』の序文で自らの仏教への思いを語る。私利私欲ではない情熱だったからこそ、空海は密教を究めることができた。

まとめ図解 三教指帰は、生徒2人・先生3人の対話で語られる

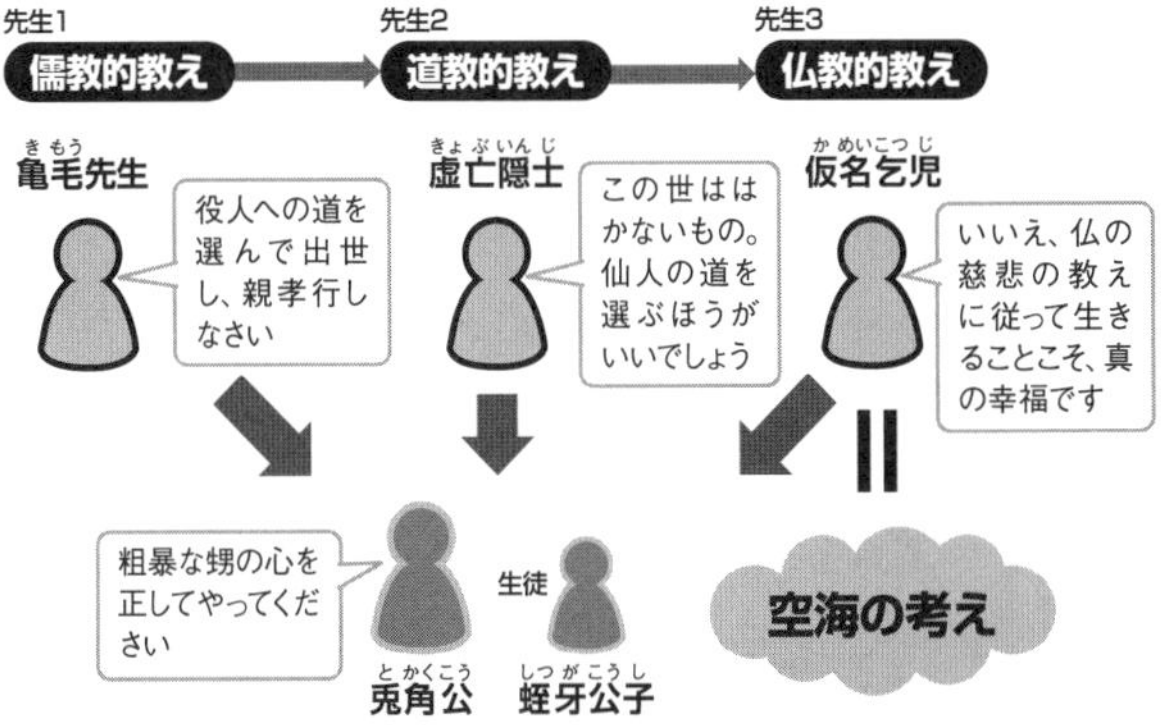

先生1
儒教的教え
先生2
道教的教え
先生3
仏教的教え
亀毛《きもう》先生
役人への道を選んで出世し、親孝行しなさい
虚亡隠士《きょぶいんじ》
この世ははかないもの。仙人の道を選ぶほうがいいでしょう
仮名乞児《かめいこつじ》
いいえ、仏の慈悲の教えに従って生きることこそ、真の幸福です
粗暴な甥の心を正してやってください
生徒
兎角公《とかくこう》
蛭牙公子《しつがこうし》
空海の考え

『三教指帰』の構成とおもな内容

序章 この書物を書いた理由

- 空海がこの文章を書いた理由
- 空海自身の略歴
- 仏道への思い
- 著作した動機

第一章 亀毛先生の主張

- 兎角公から教えを請われる
- 亀毛先生が儒教の教えを説く
- 親孝行し、人生の善い目標へ向かって努力せよと説く
- 学問に励み、賢人となれと説く
- 善い配偶者をめとることも人生の喜びであると説く

第二章 虚亡隠士の主張

- 亀毛先生の主張を否定する
- 虚亡隠士が教えを説く
- 仙術を学び、感覚の世界から遠ざかるべきと説く
- 仙人となるための呼吸やまじないを覚え、不思議な能力を身につけよと説く
- 世俗の欲望から解き放たれた、静かで安らかな生活を望めと説く

第三章 仮名乞児の主張

- 亀毛先生と虚亡隠士に手紙を渡す
- 仮名乞児が仏教の教えを説く
- 仏教は全体の真理であり、儒教・道教は仏教の一部分であると説く
- 感情も物質もはかないもの、涅槃の境地を目指せと説く
- 生きている間に光に向かって勤め励むべきと説く
- 亀毛先生と虚亡隠士も納得し、仏教の悟りへ向かうことを誓う

慈 4節 相承者・恵果から密教のすべてを授かる

思い切って飛び込めば道は開け、出会いもある

長安にたどり着いた空海は、そこに広がるありとあらゆる思想と文化を吸収した。そして、密教の師、恵果と運命的に出会い、その秘法を授かることになる。

最先端の思想と文化を貪欲に学びつくす

804年5月、空海が乗る遣唐使船は難波津を出港。途中、激しい暴風雨により船団は分断。1カ月ほど漂流した後、中国南端の赤岸鎮《せきがんちん》に漂着した。4隻の遣唐船のうち、上陸できたのは、空海と最澄の船だけだった。

だがそこは目的地からははるかに遠い。空海が上陸後、長い道のりを経て唐の都・長安にたどり着いたのは12月だった。それから2カ月は通訳として使節団の仕事を手伝い、彼らを見送った後、当時、世界最大の文化都市であった長安中を巡り歩いた。

インド出身の僧から密教の原語である梵語（サンスクリット語）の他、バラモン哲学を学ぶ。空海は、あらゆる宗教の寺院でその思想や各国の最先端の文化を貪欲に吸

収した。

恵果との劇的な出会いから3カ月ですべてを授けられる

4カ月間、長安で学んだ空海は、5月になっていよいよ密教の相承者《そうじょう》、青龍寺の**恵果**を訪ねた。

恵果は、わずか3カ月のうちに密教の奥義（秘法）を授ける儀式を3度行い、大日如来（72ページ・キーワード）を意味する「遍照金剛《へんじょうこんごう》」という灌頂《かんじょう》名を彼に与えた。それは、空海に密教のすべてを伝授し、正統な後継者として認めたことを意味している。

恵果はさらに、仏画師に曼荼羅（126ページ）を描かせ、写経生に経典を写経させ、密教の儀式に使う法具を製作させる。文字通り、密教のすべてを空海に授けたのだ。

そして恵果は、早く日本に帰って、密教を広めるよう遺言を残し、その年の12月に亡くなった。

空海に学ぶ

密教はすべての答え。理解するには、あらゆる思想、文化を修得する必要がある。

キーワード KEYWORD 恵《けい》果《か》

746〜805年。唐代の密教僧で空海の師。密教を相承する第七祖（空海は第八祖）で、『大日経』と『金剛頂経』をそれぞれ下敷きにする密教の2つの系統を統合した第一人者。唐の青龍寺で東アジアのさまざまな地域から集まった弟子たちに法を授けた。弟子は1000人を超え、唐朝の皇帝が3代にわたり国師と仰いだ。

関連する空海の言葉

若《も》しくは尊、若しくは卑、虚《むな》しく往《い》きて実《み》ちて帰る。近きより、遠きより、光を尋ねて集会《しゅえ》す。

——『恵果和上碑』——

解説 空海が恵果について述べた言葉。恵果のもとには身分が高い人、低い人を問わずに多くの人々が何も持たないまま訪れ、大きな実りを得て帰る。近くからも遠くからも恵果をたずねて人々が集まってくる。

恵果と巡り会った空海の師への深い尊敬と感謝の念が込められている。

まとめ図解 人生の分岐点となった恵果阿闍梨との出会い

804年8月 中国南端の赤岸鎮に漂着

空海の遣唐使船は激しい暴風雨のために、中国南端の赤岸鎮に漂着。そこで、海賊の嫌疑をかけられ足止めにあう。しかし、その地の福州の担当役人への嘆願書を空海が代筆。これが見事な名文で窮地を脱し、長安に向かうことができた。

↓

804年12月 空海一行が長安着

空海は、その後、密教を学ぶために梵語の習得に力を入れる。

↓

805年5月 空海、恵果阿闍梨に出会う

空海は密教の第七祖である青龍寺の恵果阿闍梨を訪ねる。恵果阿闍梨は、密教の後継者たる空海の素質を一目で見ぬき、即座に密教の奥義を伝授する。

↓

805年8月 空海、阿闍梨になる

3カ月のうちに、空海は密教の奥義の儀式を3回受け、最後は密教の最高位である阿闍梨の灌頂をうけ、遍照金剛(この世の一切を遍く照らす最上の者)の灌頂名を与えられた。

↓

805年12月

恵果阿闍梨は空海に密教のすべてを教え、数々の法具をわたし、この12月に、使命を終えたかのようにお隠れになった。

悟 5節 最澄を弟子に迎え、そして決別

安易に答えを求めず体当たりで学べ

仏教の最先端をゆく密教を持ち帰った空海のもとに、多くの人が訪れた。日本宗教界の重鎮であり、天台宗の開祖・最澄もその一人だった。

密教を持ち帰った空海は多くの支持を集める

密教を学び終えた空海は、本来20年と定められた留学期間を2年足らずで切り上げ帰国した。彼は806年10月に日本に着いたものの、京には入らず、大宰府の観世音寺に留まり、持ち帰った文物の目録を作成し、朝廷に提出する。

809年、嵯峨天皇が即位すると、入京し、空海は高雄山寺《たかおさんじ》に移った。やがて噂を聞きつけ、多くの人が当時の最先端の思想である密教を学ぼうと、空海を訪れる。その中には、日本天台宗の開祖となる**最澄**の姿もあった。

空海のもとで密教を学ぶもやがて決別した最澄

最澄は空海と同じ遣唐使団として入唐《にっとう》し、天台山でおもに天台教学を学んだ。密教も学んだが、時間が足りなかった。留学生《るがくしょう》の空海よりも高位の還学生《げんがくしょう》で、留学期間が1年しかなかったからだ。

密教の重要性を知った最澄は、空海から密教の経典を借り、弟子入りするほどの熱意を見せて秘伝を授かった。比叡山《ひえいざん》に戻った後も弟子を送り、空海に学ばせるなど、親密に交流した。

だが、蜜月は終わりを迎える。空海は、極めて重要な『理趣経《りしゅきょう》』の注釈書『理趣《りしゅ》釈経《しゃくきょう》』の借用を申し出た最澄を「（修行をせず）読むだけでは理解できない」と拒んだ。このとき、空海のもとにいた最澄の弟子は空海側についた。こうして、2人は離反したといわれている。

最澄の「読めばわかる」という態度に空海は不快感を示した。優れた頭脳を持ちながら体当たりで仏教を学び、道を切り開いてきた空海には、最澄の態度が頭でっかちで物足りなく見えたのだ。

空海に学ぶ

経典の研究だけでは密教は修得できない。実践修行を通して悟る必要があるのだ。

キーワード KEYWORD 最《さい》澄《ちょう》

767～822年。日本天台宗の開祖。12歳で出家したが、奈良時代以来の官製仏教に疑問を持ち、比叡山に入り大乗仏教の経典『法華経』を研究。804年、唐に渡り天台山で天台教学を学び、帰国後、桓武天皇の支持を受けて日本天台宗を創設。没後、生前の功績をたたえ、「伝教大師」という名が贈られた。

関連する空海の言葉

径路未《いま》だ知らず。岐《ちまた》に臨んで幾たびか泣く。

――『造二部大曼荼羅願文』――

解説 道筋はわからない。分かれ道を前にして、何度苦悩し、涙しただろうか――。天才・空海も迷いながら、悟りの道を探してきたのだ。安易に近道を求めたり、要領よく結果を出そうとしても、大きな実りは得られない。悩み、考え、自分の答えを自分で選ぶ。そんな強さが必要だ。

まとめ図解 空海と最澄の興した宗教の違い

開祖	空海	最澄
宗教	真言宗	天台宗
修行地	高野山(和歌山県北部)	比叡山(京都府南東部)
経典	金剛頂経、大日経	法華経
密教	東密	台密
中心思想	真言密教	天台教学
考え方	釈迦の説いた顕教とは異なり、大日如来の秘められた教えをもとに、修行の実践により生きたまま仏になることを説く	法華経により、すべての人は等しく仏になれるという考え方で、言葉によって真理を伝えていく方法をとった

空海と最澄の生い立ちとかかわり

778年 空海5歳の頃、最澄は13歳で出家

788年 空海が論語を習っていた頃、最澄は比叡山寺を草創

804年 空海は留学生として渡唐、最澄は還学生として渡唐※

805年 空海は恵果に密教を学び、最澄は前年から、行満らから天台教学を学ぶ(この頃、唐では密教が最先端の考え方とされており、最澄は密教については少ししか学べなかった)

809年 空海も平安京に戻り、最澄が空海に密教経典12部の貸し出しを申し込む

812年 最澄が空海を訪問。空海の結縁灌頂《けちえんかんじょう》(P.186)を受ける

813年 最澄の『理趣釈経』借覧の求めを空海が断る

816年 最澄の弟子として空海に遣わされていた泰範が、最澄の帰山勧告を拒否。空海がその旨の書簡を送る

↓

空海と最澄の決別へ

※留学生は20年間の留学費用を自己負担で行い、還学生は1年間国費で留学できた。最澄はこのとき、内供奉(ないぐぶ)という位についていたため優遇されていた(=空海には私費で渡唐できるほど資金力があった)

檄 6節

鎮護国家の仏教として時代を席捲

思いを貫けば組織に頼らずとも頂点はつかめる！

鎮護国家の祈願によって天皇にその法力を認められた空海。乙訓寺《おとくにでら》、高野山、東寺を与えられ、それらを拠点に広く深く密教を浸透させていく。

鎮護国家の仏教として天皇から認められる

嵯峨天皇は密教に期待を寄せていた。

嵯峨天皇の父・桓武天皇の時代、平城京から長岡京、その10年後に平安京へと目まぐるしく遷都し、民衆は疲弊していた。そこへ皇族内部での紛争が起こり、世の中は混乱していたのだ。

そこで、嵯峨天皇は、人々の不安と動揺を鎮め、国を安定させるために、空海の力を借りる。８１０年、空海は高雄山寺で鎮護国家を祈願する儀式を行い、効果を上げたという。

密教は、朝廷に認められ、空海には乙訓寺（京都府長岡京市）が与えられた。その評判も手伝い、天台宗を開いていた最澄のみならず、他の宗派を究めた奈良の高僧ら145人が空海の弟子となり、密教の秘法を授かった。

高野山と東寺を与えられ修行体系を整える

空海は、40歳を過ぎると、たくさんの写経を用い、各地で法を説き、教団を設立して全国に弟子を送るなど、精力的に密教を広める活動を始めた。

816年には、和歌山県の高野山に密教修行のための道場の建築を許され、翌年から着工している。

さらに、823年には、建設途中の東寺を与えられ、ここを密教を修学するための道場とした。平安京の正門にあたる羅城門の東に位置する東寺は、西に位置する西寺とともに、都ならびに国を守るための官立寺院。名実ともに、まさしく国を守り、安寧に導く宗教として認められたわけだ。乙訓寺と東寺を拠点に、密教は鎮護国家の仏教として、勢いを増して世の中に広まっていった。

空海に学ぶ

混迷した国を導くには、新しい思想が必要。密教こそがそれだった。

キーワード KEYWORD 嵯峨天皇

786〜842年。平城京から長岡京、平安京へ都を移した桓武天皇の第二皇子。兄の平城天皇から譲位され、809年に即位。810年の内紛を治めて以降、太平な時代を築いた。漢詩、書道を得意とし、空海・橘逸勢《たちばなのはやなり》に並ぶ三筆《さんぴつ》と讃えられる。優れた文化人でもある空海と親交を深めたことで密教を日本に根づかせた。

関連する空海の言葉

法力に遠近《おんこん》なし、千里即ち咫尺《しせき》なり。

――『高野雑筆集』――

解説

咫尺とは、非常に短い長さのこと。真言宗を究めた僧侶の法力に、距離は関係ない。千里も離れた場所でも目の前でも、同じように霊験が作用するということ。

空海は高野山から京都に住む公家のために祈り、その病を回復させたという。これは我欲ではなく、人々を救いたいという思いで修行したからこそ得られた力。

人に貢献したいという思いが自分を成長させるのだ。

まとめ図解 空海が頂点を極めるまで

1 高雄山寺（現・神護寺）	809年	嵯峨天皇が即位し、都入りを許された空海は高雄山寺に在住。
	810年	朝廷の許しを得て、鎮護国家を祈願。注目を集める。
2 乙訓寺《おとくにでら》	811年	天皇より乙訓寺の別当（統括管理の僧官）に任命される。
	812年	高僧である最澄が高雄山寺の空海を訪ね、結縁灌頂（事実上の空海の弟子）を受けたことで、空海がさらに畏敬の念を抱かれるようになる。
3 高野山《こうやさん》	816年	空海が密教の霊場を開山したいと望み、天皇より高野山を賜る。
4 満濃池《まんのういけ》	821年	満濃池修築の別当（監督）に任ぜられ、改修をみごと3カ月で完成。
5 東寺《とうじ》（教王護国寺）	823年	天皇より、宮中にごく近い東寺を賜る。ここを真言密教の道場とした。
6 神泉苑《じんせんえん》	824年	天皇の命により神泉苑にて祈雨法を行う。雨乞いの成功により、少僧都（しょうそうず）の位に任ぜられる（空海は辞退）。
	827年	空海が大僧都（官僧の職の最上位）に任じられる。
7 真言院	834年	宮中に建立。翌年、天皇安穏、国家安泰、万民豊楽を祈願し、後七日御修法（ごしちにちみしほ）を行う（以後、1871〈明治4〉年まで宮中の公式行事となる）。

慈　7節

文化人・仏教人としての円熟期は社会貢献に尽力

人は学ぶことで安寧を得、国も安定する

名実ともに仏教界の重鎮となった空海は、国と人々のため、さまざまな事業に尽力する。社会貢献を通じて、ますます人々に慕われ信頼されていった。

知識や法力《ほうりき》を活かして公共事業でも活躍

僧侶としての名声を高める一方、空海は社会貢献にも尽力した。中でも著名な社会事業は生まれ故郷、讃岐国多度郡（香川県南部）にある満濃池《まんのういけ》の修復（821年）。満濃池は、巨大な貯水池で、空海はこの改修の指揮を朝廷から要請された。3年前に決壊して以来、いまだに修築工事の見通しが立たずにいたのだ。

空海はただちに現地に向かい、人々を集め、工法や技術を指導し、工事の完成を祈った。そのかいあって、わずか3カ月で工事は完成したという。この他、港の改修や雨乞いなどでも、唐で得た最新の知識や密教の修法《しゅほう》を活かし、多くの成果を上げた。

庶民のための学校を作り文化の発展にも尽力

828年頃には東寺の隣に綜芸種智院《しゅげいしゅちいん》を創設。当時、文化の担い手は僧侶と貴族だけで、僧侶は仏教、貴族や役人は儒教しか学ばず、視野が狭かった。また、国学や大学は貴族や有力者の子弟しか入学できず、一般庶民が学ぶ機会はなかった。

この学校は、身分を問わず勉強がしたい者なら誰でも入学資格があり、仏教、儒教、道教のみならず、法律、工学、医学、天文学、音楽など幅広く教えた。授業料は無料、貧しい者は食料まで与えられ、奨学金のような給費制度もあった。身分制度の厳しい平安時代において、画期的な試みである。

空海は、人は学ぶことで心が安らかになり、国も安定すると考えたのだ。世の不条理を解消し、少しでも多くの人々を救う。その思いは、彼が仏教を志したときのままであった。

空海に学ぶ

法力だけで人は救えない。社会事業や教育など、具体的な行動が必要である。

キーワード KEYWORD 綜芸種智院《しゅげいしゅちいん》

828年頃、空海が東寺の東隣に創設した、庶民のための学校。①誰でも自由に学びたい者が学べる②幅広く専門以外のことを学び、視野の広い人材を養成する③完全給費制、という当時では画期的な理念を掲げ、貴族の援助を受けて創設。18年ほど存続したが、空海の死後10年経った845年に廃止された。

関連する空海の言葉

抜苦《ばっく》は軽重を問うことなく、与楽《よらく》は親疎《しんそ》を論ぜず。

――『天長皇帝』――

解説 仏の心は人々の苦しみを取り除き、楽を与える心だ。それを実践する者は、身分で苦しみを抜く相手を選ばないし、楽を与える際も親しい相手かどうかは気にしない。「人のためになりたい」と言いながら、相手を選んでしまうのが人情。どんな人にも平等に貢献する精神が重要だ。

写真で知る空海 空海が残した満濃池と学校

満濃池

香川県仲多度郡まんのう町にある日本最大の灌漑用のため池。821年に空海が改修工事に務めた(写真/アフロ)。

洛南高校

空海が一般庶民も学べる場所として綜芸種智院を創設。それは20年で廃止されたが、それを起源として、1881年にできたのが洛南高校の前身の学校である。

智 8節

文章・書道に長けた一流のエリートという横顔

己の学びを活かし社会に役立てる

空海といえば、一般には、呪術的な山岳信仰の創始者というイメージもつきまとう。だが、彼は当代随一の教養人。著述や書でたぐいまれな実績を残している。

膨大な著作からうかがえる思考力と精神力

体験重視の密教を修めた空海だが、自身は「書くこと」をとても大切にした。「格調高い文章を書くことで心が高められる」と述べ、書くことが人の成長につながると考えていたのだ。

高野山を開く際も、寺の造営は弟子たちに任せ、自らは社会貢献などで多忙な合間を縫って執筆活動に励んだ。

830年には、朝廷からの要請を受け、密教の教義を『秘密曼荼羅十住心論（十住心論）』の十巻と『**秘蔵宝鑰**《ひぞうほうやく》』の三巻にまとめて提出。朝廷および諸宗の学者たちは、そのスケールに驚き息をのんだという。

生涯の著作数だけでも、彼の思考力と精神力をうかがい知るには十分だ。

書に表された教養の深さ

空海は「三筆」（56ページ・キーワード内）と称される書道の名人である。

かつて、空海が乗った遣唐使船が予定外の小さな港に漂着したため上陸を拒まれた際、大使に代わって嘆願書を書いたのは空海だ。その格調高い文章と達筆ぶりが認められて、彼らは上陸の許しを得られたといわれている。

唐にいる間は、皇帝・順宗から宮中にあった書の修復を命じられたともいう。日本に戻ってからは、嵯峨天皇から命じられ、屏風に書をしたためた。ここで書道の才能を認められ、以降、天皇との親交を深めたともいわれる。

大学での学びを捨てて仏道に飛び込んだ空海だが、決して「勉強なんて役に立たない」などと思っていたわけではない。社会に役立ち、人々の心を豊かにするために、自分の学んだことを活かす道を求めていたのだ。

空海に学ぶ

書くことは、自分の心を高める。心が高まれば、もっとよいものが書ける。

キーワード
KEYWORD

秘《ひ》蔵《ぞう》宝《ほう》鑰《やく》

830年、空海が57歳のときに著した密教思想の集大成。『秘密曼荼羅十住心論』の要約と位置づけられる。処女作『三教指帰』が思索の出発点であり、『秘蔵宝鑰』が終着点となる。真言宗が他の宗教よりも優位であることを論じる。一貫して、中国から輸入されたさまざまな思想や宗教の帰着点を究めることがテーマ。

関連する空海の言葉

良工は先《ま》ずその刀を利《と》くし、能書は必ず好筆を用《もち》う。

――『春宮献筆啓』――

解説 よい職人はまずは道具となる刀をよく研ぐし、優れた書道家なら、必ずよい筆を使うものだ。「弘法筆を選ばず」というが、空海はそれとは正反対のことをいっている。優秀な人ほど道具にこだわるし、そうでなければよい仕事はできない。

まとめ図解 後期における空海の著書と出来事

817年 **〈高野山の開山に着手〉**

818年 『般若心経秘鍵』を著す。

819年 『秘密曼荼羅教付法伝』

821年頃 『真言付法伝』『文鏡秘府論』を著す。**〈満濃池の修築〉**

822年 **〈東大寺に真言院を建立〉**

823年 『即身成仏義』『声字実相義』『吽字義』『三学録』を著す。**〈東寺(教王護国寺)を賜る〉**

824年 **〈神泉苑にて雨乞い〉〈室生山を真言道場として再興〉**

827年 **〈大僧都に任じられる〉**

830年 『秘密曼荼羅十住心論』『秘蔵宝鑰』を著す。

835年 **〈前年に建立された宮中の真言院にて、後七日御修法(天皇安穏・国家安泰祈願)を行う〉**

『二十五箇条御遺告(ごゆいごう)』を告げる。**〈高野山・金剛峯寺にて入定〉**

空海のおもな著書と内容

即身成仏義《そくしんじょうぶつぎ》〈即身義〉 一巻

即身成仏の実践的なやり方や、理論について論じた書。宇宙の本体は6つの根源的なもの(六大)からなり、宇宙の動きは大日如来の身体、言葉、心(三密)であるため、それを自分と重ね合わせることで、生きたまま仏になれると説く

秘密曼荼羅十住心論《ひみつまんだらじゅうじゅうしんろん》〈十住心論〉 十巻

空海の主著にあたり、行者の心が悟りに至るまでの発展を十段階に分けて説いた。真言宗を最高の思想とし、他の宗教や宗派、哲学を段階に分けて比較批判した書でもある

➡詳しくはP.96

声字実相義《しょうじじっそうぎ》〈声字義〉 一巻

仏の説法である音声や文字についての著書。声字によって永劫の説法を解き明かすことができるとしている。大意を述べた「叙意」の中には、著名の意味と典拠を述べた「釈名体義」と「問答」を合わせて3部構成と述べているが、未完である

秘蔵宝鑰《ひぞうほうやく》 三巻

十住心論の要旨を三巻にまとめたもので、十住心論を広論、秘蔵宝鑰を略論と呼んでいる。秘蔵宝鑰のほうが引用が少ないが、広論にはない「菩提心論」の三摩地段の引用や、国家と仏教との関係を論じた問答が加えられている

吽字義《うんじぎ》 一巻

師である恵果の口説をもとに書かれたとみられる書で、胎蔵界・金剛界の種子である言葉「吽(ウン)」を分析した内容。吽は字相では、訶《か》(因縁)、阿《あ》(不生)、汙《う》(損減)、麼《ま》(増益)に分解され、菩提心、大悲、方便といった深い意味合いがあると論じた

弁顕密二教論《べんけんみつにきょうろん》〈二教論〉 二巻

顕教と比較して、密教が優れていることを論証した書。多くの経典で根拠を示しながら解説されている ➡詳しくはP.112

悟 9節 即身成仏を果たし「弘法大師」に

生きたまま仏になり人々の心の中に生き続ける

真言宗の発展に力を尽くし、究極の目的である「即身成仏」を達成。空海は、いまも弘法大師として人々の心の中に生き続ける――。

病に倒れながらも真言宗の発展に尽力

前節で触れた『秘蔵宝鑰《ほうやく》』を著し終えた空海は、831年、病に倒れ、東寺を弟子に委ねて高野山に入った。

快復の見込みがないことは自ら把握していたものの、832年8月、建設途中の高野山の根本大塔で行った「万燈万華会《まんどうまんげえ》」という法要では、68ページの「空海の言葉」にあるように「未来永劫民衆を救い続ける」という旨を宣言。弟子の記録によると、その年の11月から「空海は一切の食べ物を口にせず瞑想に入った」とある。だが空海は、その後も、密教を独自に体系化した「真言宗」の発展に力を尽くした。

834年の暮れには、鎮護国家と五穀豊穣、天皇の安穏を祈願する儀式、「後七日《ごしちにち》御修法《みしほ》」を宮中で行う許しを得て、真言院を設けた。その直後に朝廷から真言宗で出家させることが認められた。つまり、ここで真言宗は正式な宗派として認められたのだ。

密教の最終目的「即身成仏」を達成

835年3月21日、空海は亡くなった（**入定**）。空海はここに、生きたまま仏になるという密教の最終目的「即身成仏」を果たしたとされる。現在でも空海は、高野山の奥の院で瞑想を続けているとされ、僧侶たちは日に3度、食事を運んでいる。

入定後、90年近く経った921年、生前の業績を称えられ、朝廷から空海に「弘法大師」という名が贈られた。弘法大師の名は日本全国に広がり、さまざまな場所を訪れて人々を救済していったという伝説が生まれていった。これが「大師信仰」の始まりだ。

空海に学ぶ

病に倒れようとも使命感は折れない。国の安寧を祈り、そして空海は仏となった。

キーワード KEYWORD 入《にゅう》定《じょう》

僧侶が生死の境を超えて民衆を救済し続けることを目的とする、密教での究極的な修行のひとつ。命が尽きていても、生きながら永遠の悟りの世界に入ったととらえられる。もとは、単に瞑想を実践することを意味する言葉だった。高僧が亡くなる場合も、「仏になった」と解釈され、〝死〟ではなく〝入定〟という。

関連する空海の言葉

虚空《こくう》尽き、衆生《しゅじょう》尽き、涅槃《ねはん》尽きなば、我が願いも尽きん。

――『高野山万燈会願文』――

解説 自分の目的は地上のすべてを悟りに導くこと。その願いは宇宙が終わり、救うべき人々が尽き、悟りが尽きるまで続く。そこに至って初めて私の願いは成就する――。

生涯を懸《か》けて仏教に取り組んだ空海の身を焦がすような誓願。事を成し遂げるとき、最後に物をいうのは、やはり思いの力だ。

写真で知る空海 空海が瞑想を続ける高野山奥之院

空海が瞑想を続けるとされる高野山奥之院に通じる参道。参道の周りには、多くの歴史的人物の墓が立ちならぶ（写真／アフロ）。

和 10節

インド・中国・日本の密教の系譜

純粋密教の流れを汲んだ空海の教え

インドで生まれた密教は、「真言八祖」と呼ばれる偉大な師、阿闍梨《あじゃり》たちにより発展。中国、日本へと伝えられてきた。その流れを見ていこう。

インドで生まれた密教が雑密から純密になり中国へ

密教が誕生した時期は定かではない。ブッダ入滅後、呪文や印契（174ページ・キーワード内）などの儀礼が現世利益《げんぜりやく》を求める民衆に応えて生まれた。4～6世紀頃の未組織の初期密教は「雑密（雑部密教）」という。

物質的な利益に関心の高かった初期密教は大乗仏教と融合し、**大日如来**を中心とする新たな密教となった。その教えが、西インドでは『大日経』、南インドでは『金剛頂経』という経典に集約された。これらに基づく密教が「中期密教＝純密（純粋密教）」だ。

8世紀、2つの経典は別々に中国に伝播。日本は空海が生まれた頃で、雑密が流入し始めていた。

密教の2つの教えを日本で独自に体系化

空海は、密教の最盛期に中国に渡る。師となる恵果は『大日経』『金剛頂経』の両系統の教えを継承していた。この純密を空海は持ち帰ってきたのだ。

とはいえ、純密もまだ呪法的な要素が多く、理論化が不十分だった。そこで空海が独自の理論体系を構築し、「真言密教」へ昇華させたというわけだ。真言密教はこのようにして、七祖の手を経て空海に伝わったとされる（73ページ図）。

日本では空海後、真言密教はいくつかの宗派に分かれ、天台宗をはじめ他の宗派でも密教を実践するようになる。

中国では、恵果の没後次第に衰退。やがて道教に吸収されてしまう。インドでは、より実践的な後期密教に発展しチベットに伝わったものの、イスラム勢力の侵攻によって、密教を含むインドの仏教は滅ぼされた。

空海に学ぶ

インドで生まれた密教は中国を経て日本へ。実質的に残るのは日本とチベットだけ。

キーワード KEYWORD 大日如来《だいにちにょらい》

密教において根本原理ともいえる絶対的な存在。宇宙の源であり、宇宙を構成する事象のすべては大日如来の現れである、ととらえられる。釈迦如来をはじめとするすべての仏尊もまた、大日如来の化身と考えられている。密教で最重要の経典『大日経』、『金剛頂経』は、大日如来の教えを記したものとされる。

関連する空海の言葉

生《うま》れ生れ生れ生れて生《しょう》の始めに暗く、死に死に死に死んで死の終《おわ》りに冥《くら》し。

――『秘蔵宝鑰』――

解説 人は生まれ生まれて、何度生まれても、生の意味を理解できない。人は死んで死んで、何度死んでも、その死の意味を理解できない。それは生死の現実にとらわれて、仏の世界に気づいていないからだ――。

生きる意味、人生の価値は、自分を客観視する視点を持って初めて理解できる。

まとめ図解 真言密教を受け継いだ付法の八祖

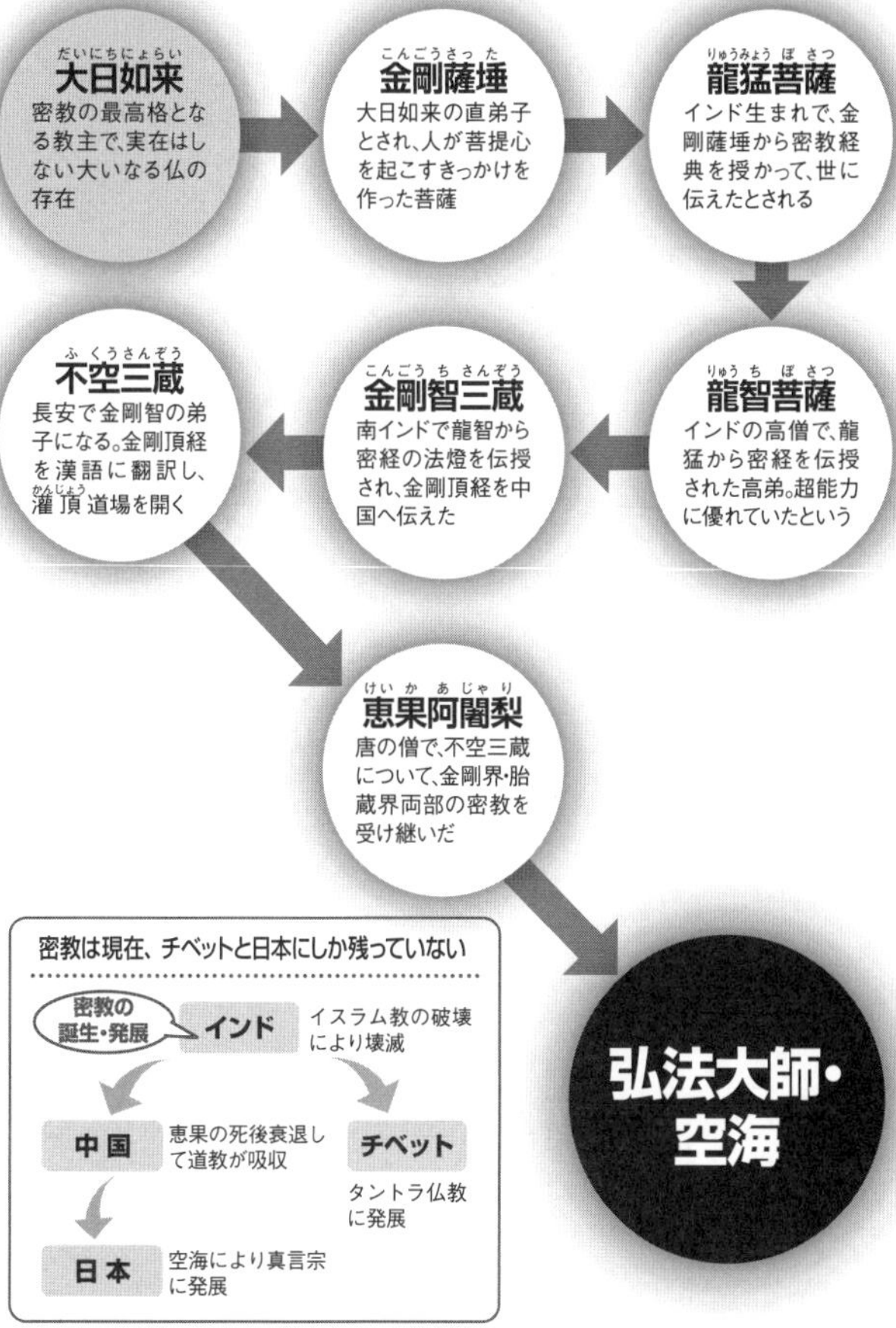
大日如来《だいにちにょらい》
密教の最高格となる教主で、実在はしない大いなる仏の存在
金剛薩埵《こんごうさった》
大日如来の直弟子とされ、人が菩提心を起こすきっかけを作った菩薩
龍猛菩薩《りゅうみょうぼさつ》
インド生まれで、金剛薩埵から密教経典を授かって、世に伝えたとされる
龍智菩薩《りゅうちぼさつ》
インドの高僧で、龍猛から密経を伝授された高弟。超能力に優れていたという
金剛智三蔵《こんごうちさんぞう》
南インドで龍智から密経の法燈を伝授され、金剛頂経を中国へ伝えた
不空三蔵《ふくうさんぞう》
長安で金剛智の弟子になる。金剛頂経を漢語に翻訳し、灌頂《かんじょう》道場を開く
恵果阿闍梨《けいかあじゃり》
唐の僧で、不空三蔵について、金剛界・胎蔵界両部の密教を受け継いだ
弘法大師・空海
密教は現在、チベットと日本にしか残っていない
密教の誕生・発展
インド
イスラム教の破壊により壊滅
中国
恵果の死後衰退して道教が吸収
チベット
タントラ仏教に発展
日本
空海により真言宗に発展

COLUMN

空海の一生を振り返る

空海の生涯年表

西暦	年齢	事項
774	1	現在の香川県善通寺市にて、豪族の佐伯氏（父）、阿刀氏（母）の三男として誕生。
788	15	伯父の阿刀大足に儒教を学ぶ。
791	18	都の大学の明経科（儒教を教える出世コース）に入学。
797	24	『三教指帰』を著す。
804	31	留学生として唐に渡る。
805	32	般若三蔵らより梵語などを習得。恵果の灌頂を受け、密教の大法を授かる。

806	33	唐より帰国。大宰府に留まり、朝廷に『請来目録』を報告する。
809	36	平安京に入る。嵯峨天皇が即位し、天皇に屏風の書を献上。
810	37	都で薬子の変が起こる。高雄山寺（現・神護寺）で国家鎮護の仁王経法の修法をする。東大寺別当に任ぜられる。
812	39	最澄が空海を訪問し、空海の結縁灌頂を受ける。
813	40	最澄の『理趣釈経』借覧の求めを空海が断る。弟子に『遺誡』を示す。
814	41	『梵字悉曇字母竝釈義』を献上する。
815	42	『弁顕密二教論』を著す。
816	43	最澄へ、泰範（最澄の弟子）が比叡山への帰山勧告を拒否した旨の返書を送る。高野山を嵯峨天皇から賜る。嵯峨天皇の厄払い祈願。
817	44	高野山開創に着手。
818	45	『般若心経秘鍵』を著す。
819	46	『秘密曼荼羅教付法伝』を著す。
821	48	満濃池修築の別当を任ぜられる。『真言付法伝』を著す。
822	49	東大寺に真言院を建立。

823	50	東寺（教王護国寺）を賜る。『三学録』を著す。嵯峨天皇に灌頂を授ける。
824	51	神泉苑にて雨乞いを修法。室生山を真言道場として再興。弟子の真済に両部の大法を授ける。
825	52	東寺講堂建立の勅許を受ける。
827	54	内裏にて雨乞いを修法。大僧都に任じられる。
828	55	綜芸種智院（庶民学校）を創設し、『綜芸種智院式并序』を著す。
830	57	『秘密曼荼羅十住心論』『秘蔵宝鑰』を著す。
831	58	真雅に伝法灌頂を授ける。
832	59	高野山にて万燈万華会を開く。
834	61	宮中に真言院を建立。高野山に仏塔と両界曼荼羅を建立するため寄付を募る。
835	62	後七日御修法を行う。『二十五箇条御遺告』を告げる。高野山・金剛峯寺にて入定。

参考出典：『空海の世界』（佼成出版社）、『真言密教の本』（学研）他

第2章

「即身成仏」って何?

――密教の〝悟り〟が人生にもたらすもの――

「即身成仏」はいわば密教修行者の最終目的。密教ならではの悟りの方法である。ここでは、その独特の思想に触れながら、「密教にとっての悟りとは何か?」を見ていこう。ひとつの宇宙観、人間観として新鮮に思える人もいるはずだ。

理智、他に非《あら》ず、
即ち是れ我が身心《しんじん》なり。

——『笠左右衛佐造大日楨像願文』——

仏の理法と智慧《ちえ》とは、どこか他のところにあるのではない。
私の身体と心がそうなのだ。

悟 1節

「悟り」とは宇宙と合一すること

正しい行いの実践により人は悟りを開ける

人はさまざまな苦しみや迷いを背負っている。しかし、正しい行いを実践することで煩悩から解放され、人は悟りを得て、仏となることができる。

煩悩を払拭し仏となることが仏教の目指すところ

仏教では、この世を苦しみ、迷いの世界とした。しかし、ブッダの教えに従い、八《はっ》正道《しょうどう》（23ページ）を実践し、煩悩《ぼんのう》を捨て、自由の境地に達すべきだとする。これを「悟りを得る」「涅槃《ねはん》に至る」などという。この境地に達し、仏となるのが仏教の目指すところである。

宇宙の根源＝大日如来を中心に万物は「六大」で構成される

真言宗の本尊「大日如来」は、宇宙のすべての生命の根源仏「**法身仏**」であり、一切の生命を成り立たせ、統一するもの。一切の生き物はその化身であり、大日如来の本質が宿っている。

そして空海は、宇宙の本質は、「六大《ろくだい》・四曼《しまん》・三密」で理解できるとした。世界の万物は、「地・水・火・風・空・識」の6つの相で成り立つ（六大・84ページ）。だが人間はそれ自体を知覚できない。そこで、4種の曼荼羅（四曼）によって視覚的に表現する必要がある（129ページ図）。この4種の曼荼羅を通して、人は宇宙の成り立ちを知る、と空海は説いた。そして、人間がこの宇宙の働きとつながるために必要なのが、身（身体）と口（言葉）と意（心）による活動「三密」だ。三密とは宇宙の物質的側面、波動的側面、精神的側面のこと。これらはそれぞれ人間の身体、言葉、心とつながっている。修行で密教行者が手に印を結び、口に真言を唱え、瞑想するのは、宇宙と重なろうとする行為なのだ。

平安京に遷都した桓武天皇は、山中で修行に専念する僧侶を保護奨励した。空海がもたらした密教は、まさに時代に適った教えだったといえる。

空海に学ぶ

仏も人も根源は「六大」。人は、煩悩を払拭することで仏の宇宙と合一できる。

キーワード KEYWORD 法身仏《ほっしんぶつ》

仏には、薬師如来や阿弥陀如来のように過去世における善業の報いにより仏となった「報身仏《ほうじんぶつ》」や、歴史上の人物として生まれ出た釈尊のような「応身仏《おうじんぶつ》」がある。そして密教では、これら報身仏や応身仏の源であり、宇宙の原理そのものである根源仏のことを「法身仏」といい、大日如来と呼んでいる。

関連する空海の言葉

法身《ほっしん》いずくにかある。遠からずしてすなわち身《み》なり。智体いかんぞ。我が心にしてはなはだ近し。

——『於東大寺供養三宝願文』——

解説 仏の真理はどこにあるか。それは遠くにあるのではなく、自分の体に宿っている。仏の智慧は、本体は何か。それは「自分の心」というすぐ近くにある。

人は何かを求めるとき、外の世界に目を向けがちだ。だが、答えは自分が知っている。要は、そのことに気づけるかどうかだ。

まとめ図解 仏の宇宙との一体化するための考え方

宇宙って何？

「宇宙(万物)の実体はこの六大からできている」

すべてを形作る源(宇宙の実体)

地 水 火 風 空 識 六大 ➡P.84

どんな形で認識する？

「仏の宇宙は曼荼羅で表される」

六大から作られた造形物(宇宙の現象)

両界 三摩耶 法 羯磨 四曼 ➡P.129

どうやって宇宙と一体化する？

「心も身体も仏と同じ境地になれるよう修行する」

宇宙と合一するための行い(宇宙の働き)

身密 口密 意密 三密 ➡P.89

つまり

悟り

「六大の融合物である『仏』と『人』。心身の活動を合一させれば、人も仏になれる！」

和《なごみ》 2節 森羅万象をあらしめる根源的な本体「六大」

この世の万物は「六大」により構成される

前節で、「六大」「四曼」「三密」という密教の根本理論に触れた。ここでは、あらゆるものの根源とされる「六大」をもう少し詳しく説明しよう。

世界の真実と成り立ちを教える「六大」

仏教では、世界の成り立ちを縁起《えんぎ》という。世の中のすべての現象は、大いなる生命がこの世に生き続け、その生命の力がさまざまな形を持つことで起こっているという世界観に立つ。特に真言宗ではこれを「**六大**」または、「六大縁起」と呼ぶ。この六大が、世界の真実と成り立ちを教えている世界観であり、人生観なのである。

現象はすべて6つの相が混合して起こっている

六大とは、地・水・火・風・空・識という6つの相のこと。それは単に、宇宙が土や水分などで成り立っている、という物質的な意味にとどまらない。それぞれは、地

＝堅固・不変、水＝清浄・冷気・柔軟、火＝浄化・温熱・成熟、風＝宇宙全体の呼吸・活動・影響、空＝包容力・無限、識＝心・理性・生命力を象徴する。六大とは、生命の活動を示す世界観・人生観なのだ（87ページ図）。

西洋哲学のように物質の成り立ちを客観的に整理しようとするのではなく、現象の意味を理解しようとしている点に注目しよう。だから、六大は、現象を分類するような考え方ではない。密教では、六大は渾然《こんぜん》一体と相互に影響し合いながら現象に現れるのだ。

そこで、密教修行者の目標は、現象の背後に宿る六大の作用を正しく知り、自らも六大に沿って正しく振る舞うことである。そして、この宇宙、人間世界の万物が六大に根源を持つとは、それらすべてが大日如来の体であり、心であるということ。つまり、人間が生きる世界そのものが、大日如来のいる清浄な浄土であるととらえたのである。

空海に学ぶ

「六大」とは、6つの相からなる、森羅万象の根源であり、全宇宙の根源である。

キーワード KEYWORD 六大（縁起）

この世にあるすべて、森羅万象が有する根源的な性質のこと。地・水・火・風・空・識の6つの相からなり、宇宙の事象はすべてこれらがさまざまに組み合わさって現れているとされる。そして、六大は、本を正せばすべて大日如来に由来する。すべての現象は六大で理解できる、というのが密教の思想。

関連する空海の言葉

六大無碍《むげ》にして常に瑜伽《ゆが》なり。四種《ししゅ》曼荼各々離れず。

——『即身成仏義』——

解説 宇宙の六大は互いに混じり合い何ものにもとらわれず（＝無碍）、しかも一体となって統一されている（＝瑜伽）。宇宙と自己の連関の真実を表現すれば、それは4つの曼荼羅となり、相互に深く関係している。

世界は多様な面を持ち、かつ一つである。それを知ることで世界の見え方は変わる。

まとめ図解 すべては六大の組み合わせによって作られる

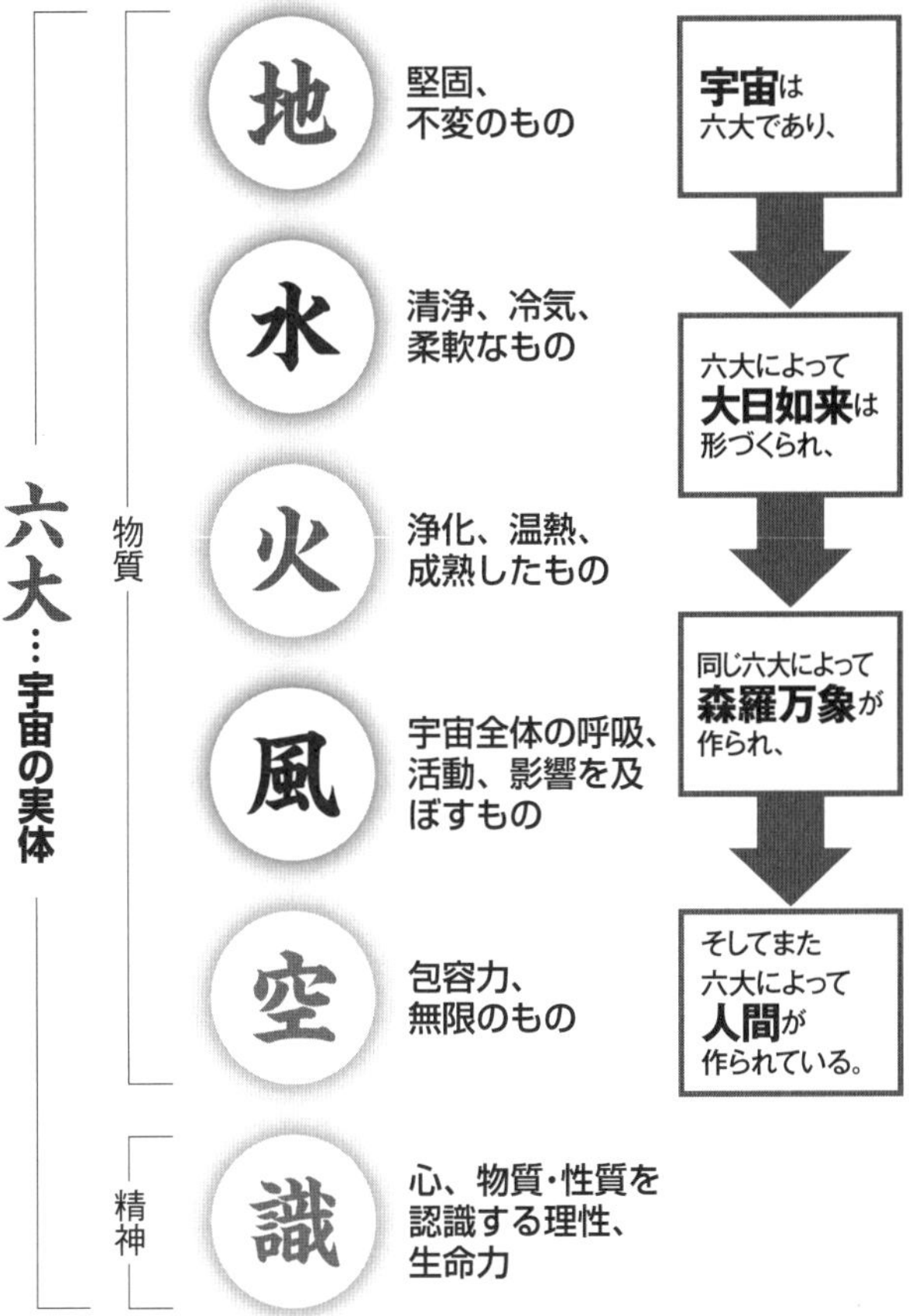

智 3節

生身のまま仏になる「即身成仏」を目指す

仏の教えを自ら体得し、仏と一体化する境地へ

人が悟りを開くには永遠ともいえる修行を経て到達するとされていた。しかし真言宗では、この世で仏となる即身成仏が可能だと説いている。

密教と顕教では解脱の法を学ぶ相手が異なる

密教以外の仏教の宗派（顕教）では、弥勒菩薩などのように菩薩として修行した報身仏や、釈尊（釈迦）のように悟りを開いた応身仏から仏法を学ぶ。これに対し密教は、報身仏や応身仏を成り立たせている宇宙の根源仏「大日如来」から直接、仏法を学ぶ。

根源仏と直接つながっている宗派は真言宗以外にはない。そのため、成仏に長大な歳月がかかる顕教に対し、密教は「**即身成仏**」が可能だと空海は主張した。空海の密教とは、信徒が現世で幸せになるために、もっとも効率的な方法を採用する立場なのだ。

三密行によりこの世で仏との合一を目指す

宇宙のすべては大日如来に源を持つ六大により成り立つ。人間も六大からなり、根源の大日如来とつながっているのだ。これはつまり、人には元来、仏性があるということを示す。しかし、さまざまな煩悩で人は仏性を見失う。だから、修行が必要になる。

密教では「三密」、つまり身《しん》（身体）と口《く》（言葉）と意《い》（心）という3つの活動が、仏と合一することで悟りに至る。そうなるための修行が、①手で印を結び、②口で真言を唱え、③心に仏の姿を思い描き瞑想し、即身成仏するという「三密行」である（168ページ）。「三密行」を通じ、心に仏を感じ、仏を心に引き入れ、広大な宇宙の中に、自分が生かされていると感じられなければならないのである。

また、即身成仏には3段階あり、「理具成仏」「加持成仏」を経て、「顕得成仏」へと至るとされている（103ページ）。

空海に学ぶ

即身成仏とは、大日如来から直接真理を体得し、生きながら悟りを開くこと。

キーワード KEYWORD 即身成仏

真言宗の第一目的で、人間が現世において、生身のままで仏になること。密教以外の仏教(顕教)では、人が悟りを開いて仏になるには、何度も生まれ変わりながらステージを上げていく必要があるとする。それに対し、密教では、印を結び、真言を唱え、瞑想することで、現世で一代で仏になれるとした。

関連する空海の言葉

若《も》し人、仏慧《ぶって》を求めて菩提心に通達《つうだつ》すれば、父母所生《ぶもしょしょう》の身《しん》に、速《すみや》かに大覚《だいかく》の位《い》を証《しょう》す。

――『即身成仏義』――

解説 人は仏の智慧を求めて菩提心（悟り）に達すれば、父母から生んでもらった体のまま、速やかに仏の悟りの境地を体現できる。

悟りは（他の仏教では）何世代もかけて目指すのが常識。だが、それすら正しい理解と方法で行えば一代で可能だ。人生で何をなせるかは、本人の覚悟と方法次第なのだ。

まとめ図解 密教は仏の教えを自ら体得する方法で学ぶ

顕教

現世に姿を現した仏である釈迦が、相手に応じて教えを説く

＝

釈迦が到達した悟りの世界、真理に達する方法を実践

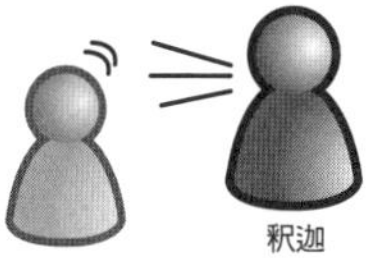

密教

宇宙の中にある永遠の仏(大日如来)から直接、真理を体得する

＝

心も身体も、すべてが仏と一体化する境地へと達する方法を実践

密教では、特に「あの世で幸せになる」のではなく、**「この世で幸せになる」**ことを重視

即身成仏

即	身	成	仏
＝	＝	＝	＝
現世で	今の身体で	成る	仏に

即身成仏するための修行方法

❶ 仏の働きを具現化した形に両手を結ぶ(手印)

❷ 仏の言葉(インドより伝わる声音)を学び、唱える(真言)

❸ 邪念を消して、心に仏を瞑想し、一体化する心地へと意識を運ぶ(三摩地)

この即身成仏(この世で仏と一体化する境地へ至る)の修行方法は師から弟子へ継承されていく

4節

真言宗の本尊「大日如来」とは何か？

この世のすべては大日如来の現れである

空海は、真言宗の教えは「大日如来」から発せられる究極の教えだという。では、密教において宇宙そのものと一体とされる大日如来とはどんな仏なのだろうか。

大日如来は宇宙の原理・全宇宙そのものである

真言宗の本尊は「大日如来」である。これは「**サンスクリット語**」で、「マハー・ヴァイローチャナ・タターガタ（＝摩訶毘盧遮那如来）」。「万物をあまねく照らす偉大な覚者」という意味だ。太陽を象徴しているため、「大日如来」とされ、この名が広く知れ渡った。

大日如来は、宇宙を成り立たせている原理そのもの。原理が現れとなった宇宙そのものとされる。仏自体は姿形を持たないが、この世の事物・現象はすべて大日如来の現れ（化現《けげん》）であり、人間もまた例外ではない。この世の一切は大日如来に存在の根拠があり、世界そのものが、大日如来なのである。

智の本質「智慧」を用いて悟りの道は開かれる

大日如来は「理の法身《ほっしん》」ともいわれる。「理」とは、現象の背後にある真理。「法身」とは仏の本質。つまり現象をも司る仏の本質のことだ。物理学で見れば、宇宙は無機質な自然法則に支配されているといえる。だが密教では、この世界は理（自然法則）に支配され、同時に仏の慈悲にも満ちている。

空海によれば、この理の世界から流出してくるのが「智の法身」。つまり、人間の認識の中に宿る仏の本質である。人間が悟りを開くことができるのは、この「智」が存在しているためだという。人間は元来、仏の本質を認識する能力を持つ。そのため、仏を感じ、融合できる。大日如来から与えられた智の本質「智慧《ちえ》」を働かせることで、人は世界のありようと救いの道を正しく悟ることができる。だから人間は即身成仏を達成できると空海は説いたのだ。

空海に学ぶ

人間もまた大日如来の現れ。修行によってそれを思い出せば、人は仏になれる。

キーワード
KEYWORD

サンスクリット語

古代インドの上品な言葉、文章語。梵語とも呼ばれる。インド-ヨーロッパ語族のインド語派に属し、紀元前４世紀頃に文法が体系づけられた。浄化、洗練、完成を意味する動詞「サンスクリ」を起源に持ち、「洗練された／完成された」言語を意味する。仏教、ヒンドゥー教、シーク教、ジャイナ教の礼拝用語である。

関連する空海の言葉

禽獣卉木《きんじゅうきぼく》はみなこれ法音《ほっとん》、安楽観史《あんらくとし》は本来胸中にあることを頓悟《とんご》せしめん。

——『中寿感興詩』——

解説 鳥獣、草木から聞こえてくる音は、すべて仏の言葉である。（人間も自然の一つなのだから）極楽浄土の世界は本来、人の胸の中にある。それを直ちに悟らせたい。

自然を愛した空海の世界観。すべてに真実が宿ることに気づいたとき、世界に身を置き、生きることの喜びは計り知れない。

写真で知る空海 大日如来を描いた曼荼羅

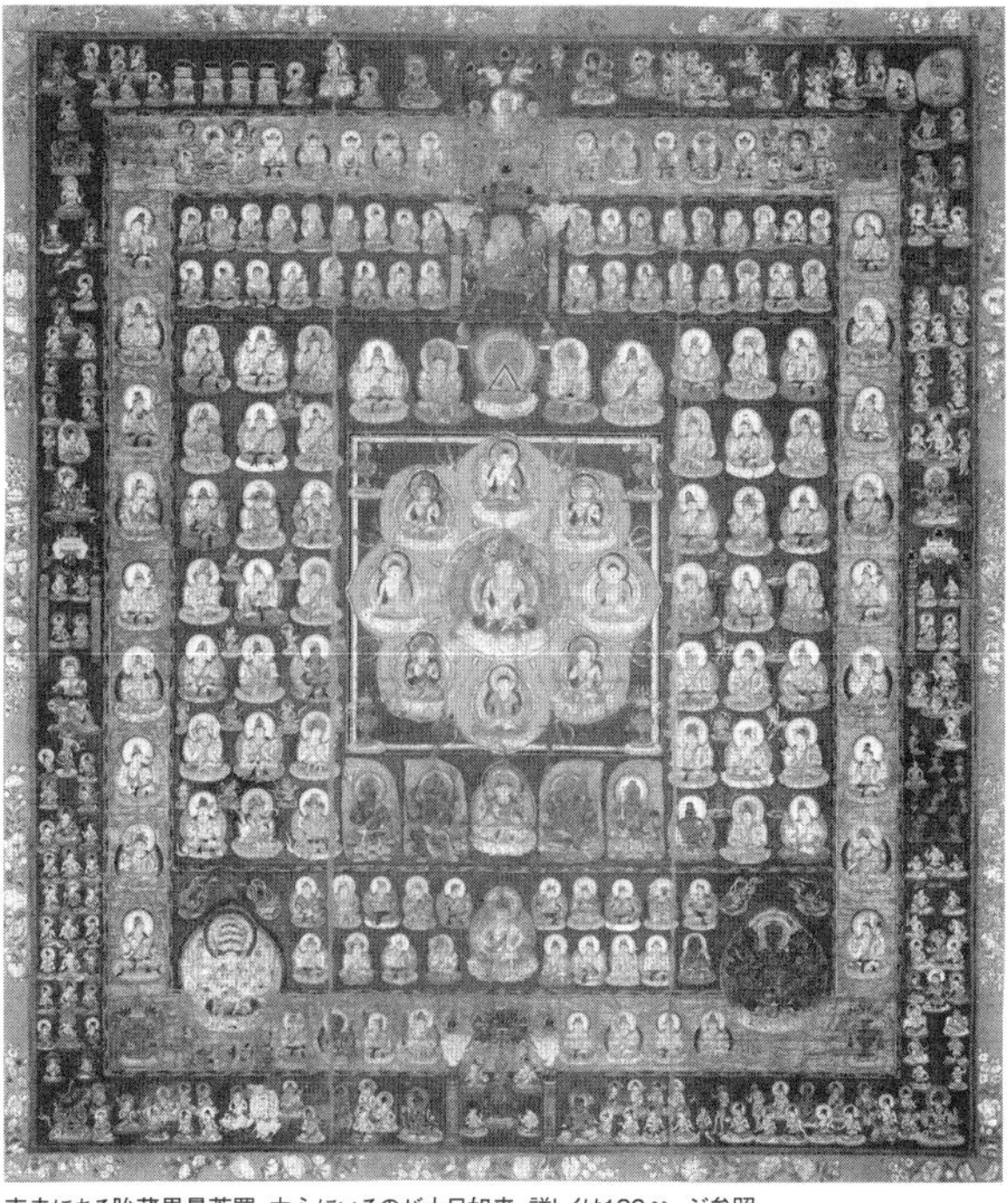

東寺にある胎蔵界曼荼羅。中心にいるのが大日如来。詳しくは126ページ参照。

悟 5節

悟りに至る心の段階を示す「十住心論」

10のステップで人は心の最高の境地に達する

空海は、人間の心の段階を10に分け、悟りへの道を体系化した。悟りの域へ到達する心のありようを示す「十住心論」をここでは紹介しよう。

空海が示した悟りへの道仏へ至る道標「十住心」

ブッダ以来、悟りを得るための方法が多く語られてきたが、それらは体系化されておらず、具体性がなかった。そこで空海は、悟りへの道標ともいえる「**十住心《じゅうじゅうしん》論《ろん》**」をまとめた。それは、悟りに至る心の深化・発展を示す段階を整理したものだ。順に見てみよう。

真の悟りを開けるのは第十住心へと導く密教のみ

第一住心「異生羝羊心《いしょうていようしん》」では、人は本能のままに生きている。第二住心「愚童持《ぐどうじ》斎心《さいしん》」で倫理に目覚め、第三住心「嬰童無畏心《ようどうむいしん》」で人は宗教心を持つ。第四住心「唯《ゆい》蘊無我心《うんむがしん》」で仏教に目覚める。そして、第五住心「抜業因種心《ばつごういんじゅしん》」へと進み、人はひたすら自らの解脱を追求していく。

第六住心「他縁大乗心《たえんだいじょうしん》」、第七住心「覚心不生心《かくしんふしょうしん》」になると、自他の区別のない深い救済のレベルに至る。そして第八住心「一道無為心《いちどうむいしん》」で大日如来に近づき、第九住心「極無自性心《ごくむじしょうしん》」で、人は仏を自覚する。顕教の到達点は、この第九住心までだと空海はいう。しかし、さらなる第十住心「秘密荘厳心《ひみつしょうごんしん》」があり、ここで初めて人は仏と一体となり、悟りに達すると空海は説いた。

この悟りの道は、一から順を追わなければならないわけではない。この世のすべてが大日如来の現れならば、第一住心の動物的な心もまた、大日如来の現れであるからだ。実際に密教の奥義においては、一から十のすべての心をある種の悟りとして、包括している。

この十住心の体系化により、顕教と比較した場合の密教の独自性と、一切を包括する普遍性を空海は確立した。

空海に学ぶ

十住心とは、空海が体系化した悟りへの道。密教の独自性、普遍性を確立した。

キーワード KEYWORD 十住心論

空海が、著書『秘密曼荼羅十住心論』の中で、悟りに至る心のありようを十段階に整理したもの（99ページ図）。第一住心の「異生羝羊心《いしょうていようしん》」に始まり、第三住心で宗教心に、第四住心で仏教に目覚める。この十住心は、人間の宗教意識の深化・発展の段階であるとともに、宗教の発展史と見ることもできる。

関連する空海の言葉

婬欲《いんよく》即ちこれ道。恚癡《いち》もまた然り。

──『梵網経開題』──

解説 婬欲とは道に外れた性欲。恚癡（痴）とは愚かに怒り狂うこと。いずれも克服すべきことのはずだが、一切の執着から解放された悟りの境地から見れば、それもまた仏のありようといえる。己の弱さを正当化する言葉ではない。自分が究極に高まれば、すべてを受容し、修行に活かせるといったのだ。

まとめ図解 悟りに到達するまでの、人の心の十段階

第1段階	異生羝羊心《いしょうていようしん》	動物のように、欲望のままに生きる心
第2段階	愚童持斎心《ぐどうじさいしん》	倫理や道徳への目覚め・儒教的境地
第3段階	嬰童無畏心《ようどうむいしん》	宗教心への目覚め・老荘思想の境地
第4段階	唯蘊無我心《ゆいうんむがしん》	実在的な自我は存在しないと気づき、仏教に入門
第5段階	抜業因種心《ばつごういんじゅしん》	すべては因縁のうちに存在するという悟りの世界を発見
第6段階	他縁大乗心《たえんだいじょうしん》	慈悲の心(菩薩の境地)が生まれ、心の働きだけが実在だと自覚
第7段階	覚心不生心《かくしんふしょうしん》	すべての迷いや妄想を絶ち、「空」を描き心が鎮まる
第8段階	一道無為心《いちどうむいしん》	一切の現象は清浄であり、大日如来に近づく
第9段階	極無自性心《ごくむじしょうしん》	自分の身体を含めて仏を自覚し、この宇宙の悟りを感じ取る
第10段階	秘密荘厳心《ひみつしょうごんしん》	究極の悟りを実現した、真言密教の最終段階

和 6節

即身成仏では日常の言動や思い描くことが真実となる

3つのステージを通じて究極の悟りへと至る

煩悩や矛盾を抱える自我を、修行を通じて、宇宙的な大日如来と一体化させていく即身成仏。この即身成仏は3つの側面を持っている。

空海が確立した即身成仏と後世に生まれた三種即身成仏

即身成仏とは「**九識**《くしき》」の最上位である「阿摩羅識《あまらしき》」において、大日如来と一体化し、第十住心の「秘密荘厳心《ひみつしょうごんしん》」に至ること。修行の目的は、それを生涯の間に達成することに他ならない。

空海の即身成仏の思想は、さらに後世になると『異本即身成仏義』という、『即身成仏義』の派生本によってバリエーションが提唱され、やがて真言宗の教義として定着していった（平安時代後期頃）。これによると、即身成仏には、3つの側面があるという。この「三種即身成仏」を見てみよう。

修行者が目指すべき究極の悟り「無相の三密」

三種即身成仏は、即身成仏に3つの読みを与え、それぞれに成仏と名づけ、密教の教理と対応させている。
①即《すなわ》ち身成れる仏…理具成仏〈六大＝宇宙の実体〉：仏も人も同じ六大に由来する。それゆえ、人は生まれ出た身のままですでに仏となっている。
②身に即《そく》して仏に成る…加持成仏〈四曼＝宇宙の現象〉：理具成仏が真実でも人間は煩悩に迷う。そのため修行を通じ仏と一体化する努力が必要となる。
③即《すみや》かに身、仏と成る…顕得成仏〈三密＝宇宙の働き〉：修行を続けるうちに、日常的に仏と合一し、その身のままで仏の智慧と行動を顕得（＝体現）できるようになる。
また、理想の即身成仏の状態は「無相《むそう》の三密」といわれる。これは、日常の所作が印（手印）となり、発した言葉が真言となり、心に思い描いたことが仏の心にかなう状態のこと。これこそ密教における究極の悟りなのだ。

空海に学ぶ

即身成仏には三種類あり、「無相の三密」の状態が理想的な即身成仏の姿である。

キーワード KEYWORD 九《く》識《しき》

人間の意識を9段階に分類したもの。「前五識」…眼・耳・鼻・舌・身に由来する動物的・即物的な意識。「意識（第六識）」…人間が通常用いている意識。「末那識《まなしき》（第七識）」…自覚されない意識。「阿頼耶識《あらやしき》（第八識）」…前世の記憶を含む根源的な無意識。「阿摩羅識（第九識）」…即身成仏の境地に立つ意識。

関連する空海の言葉

夏月《かげつ》の涼風、冬天《とうてん》の淵風《えんぷう》。一種の気なるも、嗔喜《しんき》同じからず。

——『徒懐玉』——

解説 夏の涼しい風、冬の淵を抜ける冷たい風。どちらも同じ風なのに、人は怒ったり、喜んだりする。起こっていることの真実は一つ。ただ受け取り方が違うにすぎない。その理屈を知り、根本に返ることが、余計な苦悩や動揺から逃れる術である。

まとめ図解 即身成仏するためにに目指すべきところは？

即身成仏するための3段階

第1段階 理《り》具《ぐ》成仏《じょうぶつ》
人は生まれながらに仏になれる性質を持っていると確信すること

第2段階 加《か》持《じ》成仏《じょうぶつ》
密教の修行を積み、自分が仏と感応していっている境地を実感すること

第3段階 顕得《けんとく》成仏《じょうぶつ》
修行による鍛錬で仏性が開花して、心が平安を保ち、周りの人の心を癒やすことができること

即身成仏＝生きている間に仏になる

目指すは「無相の三密」

日常の所作が仏の所作である「手印」(P.172)となり、発する言葉が仏の言葉である「真言」(P.176)となり、心に描いたことが仏の観念にかなう状態。すなわち仏と一体となること

悟 7節 密教において身体を重視する理由

仏と己の身体は一体 感じたことを大切にせよ

密教においては「身体」と、身体を通じて体得することが重視される。その考えの根源には、仏と人は一体であるという思想があった。

真言宗における身体と体験の重要性

真言宗では、悟りに至るために、身体的な活動を特に重視している。それは、即身成仏の「身」が生きた自らの身体を示していることや、空海自身が、仏法を求めることを「身を捨てて何処にか求めん」（＝身体を捨てて「悟りを」どこに求められるというのか）と述べていることからもわかる。また、同時に『般若心経《はんにゃしんぎょう》秘鍵《ひけん》』で空海は、「行行《ぎょうぎょう》として円寂《えんじゃく》に至る」（＝修行に修行を重ねて初めて悟りの境地に至る）と実践の大切さを説いている。

仏と人は一つのもの、自分は「神」である！

密教の目的は、宇宙に満ちる無限のエネルギーを知り、それがまた自身の内にも同様に存在する事実を実感すること。体験として認識することが重要で、自らの肌と心で実感しなければ「悟った」とはいえない。修行を通して身体的な感覚に盛んに働きかけるのはそうした理由だ。

このように仏（宇宙の生命）とわが身が一体であるという人間観は、古代インドの「**梵我一如**」という思想に由来する。宇宙の根本原理（梵）は、我と一体である、という認識だ。

梵我一如の思想は密教に受け継がれ、「而二不二《ににふに》」（＝二であってしかも二でない）などと言葉を換えて表現された。

西欧的な感覚で見れば、これは「自分が神である」という宣言にも等しい。人間と神はあくまで隔絶した存在と考えるキリスト教の発想とは対照的だ。また、キリスト教的な「人間は自然界において特別な存在である」という人間観とも、大きく異なっている。

空海に学ぶ

仏と人は而二不二であるがゆえに、身体と肉体における体験を重視する。

キーワード
KEYWORD

梵《ぼん》我《が》一《いち》如《にょ》

古代インドの哲学書『ウパニシャッド』における中心思想。梵とは、宇宙の根本原理「ブラフマン」の漢訳。我は、自我を表す「アートマン」。宇宙の本体・本質（梵）は、人間存在の本質（我）と本質的には同一であり、この同一性を悟ることが真に自由となり、苦悩や悲しみから解き放たれる術である、とされる。

関連する空海の言葉

示す者なきときは、すなわち目前なれども見えず。説く者なきときは、すなわち心中なれども知らず。

──『理趣経開題』──

解説 真理を教える者がいなければ、目の前にあっても見えない。説いて聞かせる者がいなければ、心に知っていても気がつかない──。仏の真理はすでに自分の中にある。誰にも与えられた、いわばありふれた人生の真実。だが、手にするには長い道のりが必要なのだ。よい師との出会いも重要だ。

まとめ図解 宇宙と一体化する

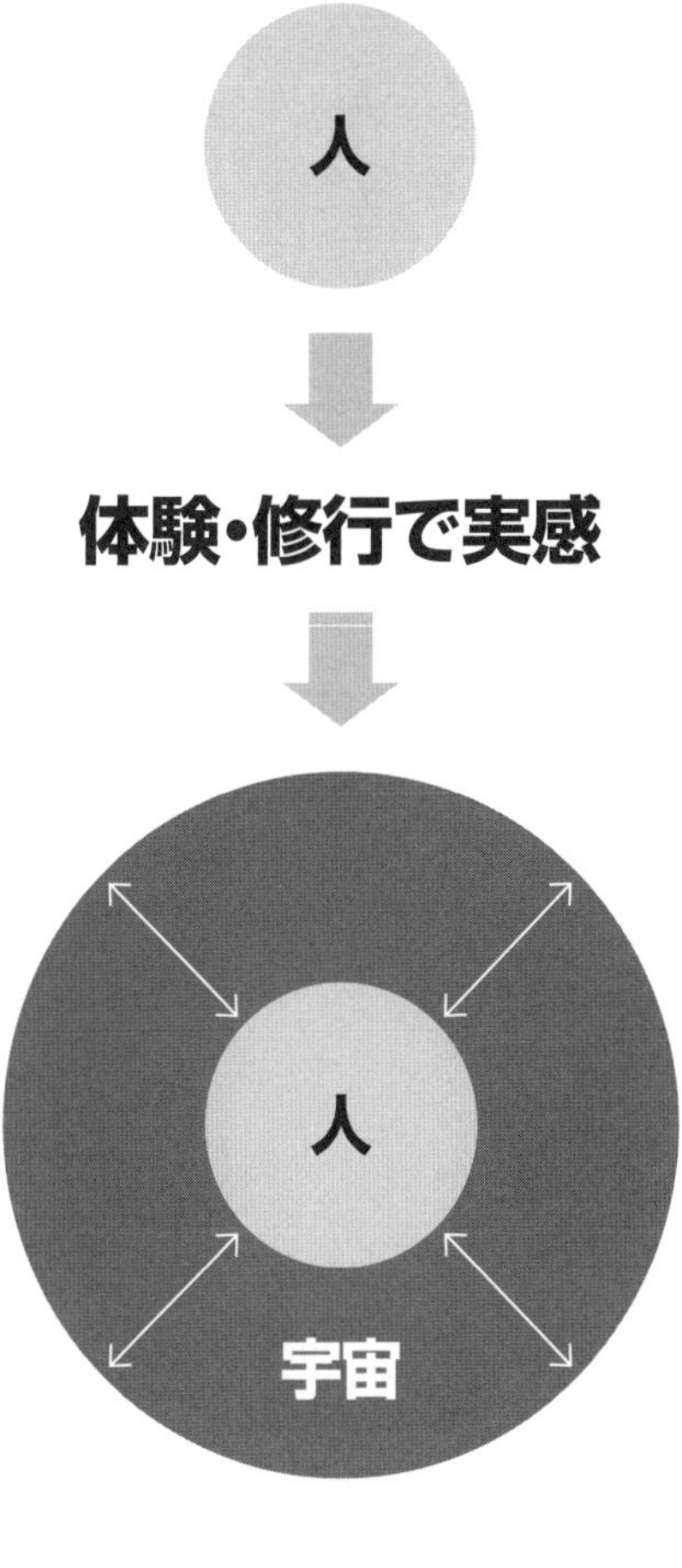

智 8節

あらゆる人々を救済し、幸福な世界を目指す

大日如来の導きのままに現世に浄土を創造する

空海の目指した世界であり、真言宗の教えの根幹ともいえるキーワードに、「済世利人《さいせいりにん》」と「密厳仏国」という言葉がある。それぞれがどのような考え方に基づくのか、見ていこう。

空海が目指した済世利人と密厳仏国

空海が目指した理念を3つにまとめると、「即身成仏」「済世利人」「**密厳仏国**」に集約される。それはそのまま真言宗の中核をなす。まず空海は、「即身成仏」によって仏との合一を目指した。それは、あらゆる人を救い、人々がこの身このままで仏になるように導き、世を救い人々に現世での利益《りやく》を施すためだ。これを「済世利人」という。

済世利人は、大日如来による慈悲の現実化である。その成就した世界が、胎蔵界曼荼羅（134ページ）の世界なのだ。

現世における浄土の実現を最高の理想と掲げた

1章でも紹介したように、空海は密教の普及のみならず、教育、公共事業など、さまざまな社会事業にも積極的に尽力した（58ページ）。身分や貧富を問わず、誰にでも幸せを届けようとする姿勢は、済世利人の実践に他ならない。空海は、自分だけが解脱しても意味がないと考えた。迷い苦しむ人を救うために、慈悲の行いをもたらさなければ、本当に仏の真理を悟ったとはいえないからだ。

また、密厳仏国とは、仏の真実に満ちた世界のこと。空海の真言宗は、密厳仏国を現世に実現させることを理想とする。他の仏教諸派が死後の幸せ（極楽浄土に行ける）を説いたのに対し、空海の密教は、現世に救いをもたらすことを目指した。「現世利益」というと、即物的なイメージがつきまとうが、宗教者の側から見れば、死んで救われることを約束して民衆に安堵をもたらすよりは、はるかに困難な道であるともいえるだろう。

空海に学ぶ

空海はあらゆる人々が救われ、幸せになるため、現世での浄土の実現を目指した。

キーワード KEYWORD 密厳仏国《みつごんぶっこく》

大日如来がいる清浄な国土。密厳浄土、密厳国とも。阿弥陀仏の極楽浄土、薬師仏の東方浄瑠璃世界、観音の普陀落山などがその例。『大乗密厳経』に説く、三密で荘厳(=厳かに飾ること)された浄土のこと。真言宗においては、我々が生きるこのけがれた(はずの)国土そのままが本来、密厳仏国であると説く。

関連する空海の言葉

物の興廃は必ず人による。人の昇沈は定めて道にあり。

——『綜芸種智院式』——

解説

物事が興隆するか滅びるかは、それを行う人にかかっている。人が向上するか、ダメになるかは、その人の歩む道次第だ。

空海が綜芸種智院（60ページ・キーワード）を創設する際に著した言葉。国家も社会も仕事も人生も、成功と失敗はそれを担う人にかかっている。事業のための人材育成の大切さを説きながら、自分への戒めともなる言葉。

まとめ図解 空海が目指した3つの教えと行い

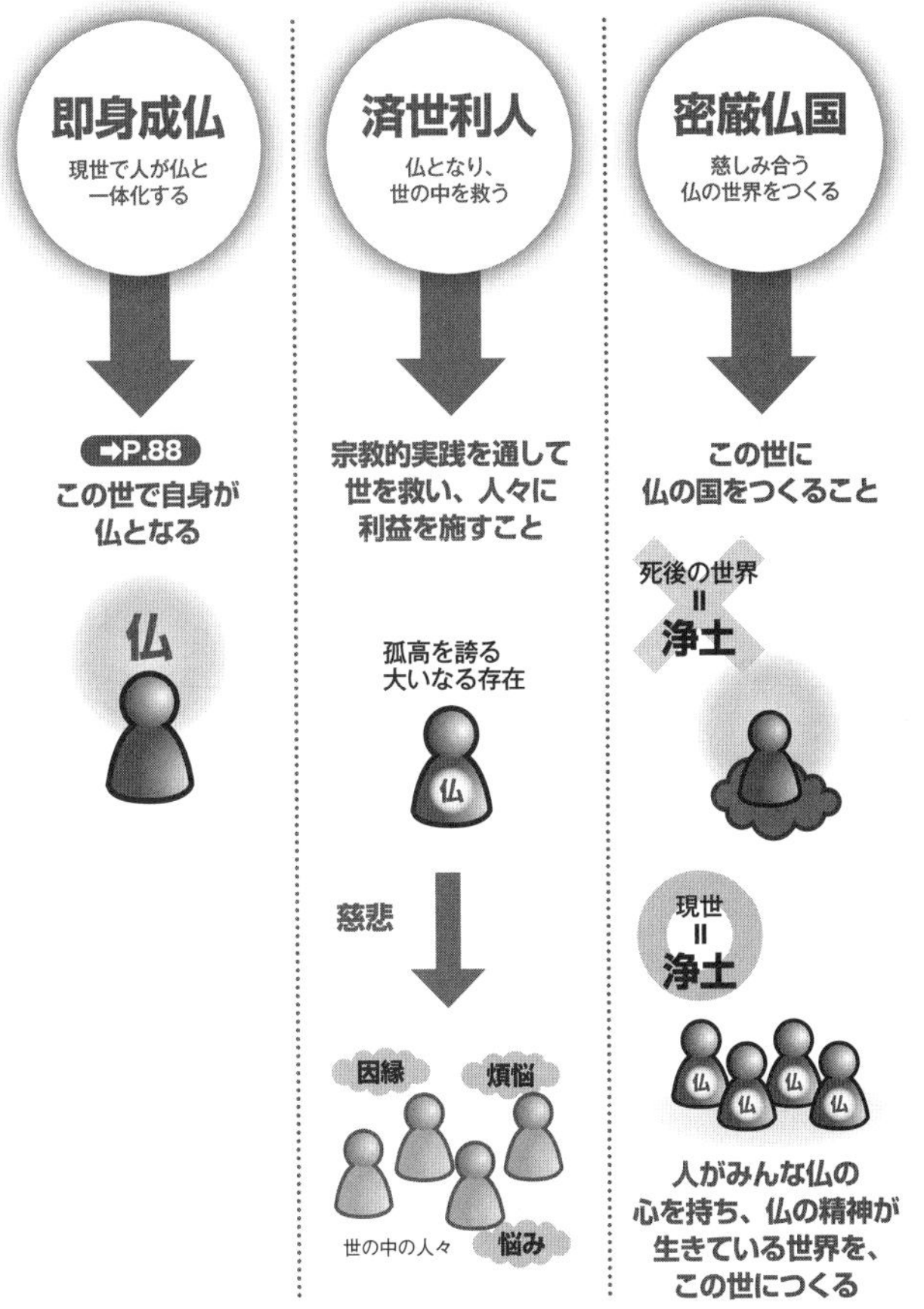
即身成仏
現世で人が仏と一体化する
➡P.88
この世で自身が仏となる
仏
済世利人
仏となり、世の中を救う
宗教的実践を通して世を救い、人々に利益を施すこと
孤高を誇る大いなる存在
仏
慈悲
因縁
煩悩
悩み
世の中の人々
密厳仏国
慈しみ合う仏の世界をつくる
この世に仏の国をつくること
死後の世界＝浄土
現世＝浄土
仏
人がみんな仏の心を持ち、仏の精神が生きている世界を、この世につくる

和《わ》 9節 密教の教えの特徴とは？

顕教と密教の違いを説く『弁顕密二教論』

密教以外のさまざまな仏教宗派（顕教）と密教の違いは何だろうか。ここでは、密教が登場した経緯を振り返りながら、解説していこう。

密教では、顕教では到達できない境地に行ける

「密教」とは仏教において、隠された秘密の教え、という意味だ。これに対し、（真理が文字に）あらわにされているとする教えを「顕教」という。顕教は、密教以外の仏教諸宗派、ととらえて差し支えない。

十住心でいえば、第一から第九段階までに至る教えが顕教にあたる。第十段階の教えに至るには、密教を修める必要がある。空海はこのような立場から、顕教と密教を『弁顕密二教論』という著作で論じた。

密教は、より原点に近い仏を重要視する

空海が顕教と密教を比較する上で、論点として重要視したのは、密教は即身成仏が可能であることと（88ページ）、仰ぐ仏が異なるという点だ。ここでは後者について解説しよう。

仏教は、釈迦の生涯を起源とする。修行を経て悟りを得た釈迦は仏となり80歳で入滅した。ここで初期の顕教は「この世に仏はただ一人、釈迦のみ」とした（上座部仏教）。だがやがて「釈迦は、永遠なる仏の真理がこの世で具現化した一形式（応身）。薬師如来など多くの如来もまた仏である」とする立場が生まれた（大乗仏教）。この考え方は人々の支持を集めたが、同時に、教理的な立場の乱立を招いた。

密教は、その混乱を収束させる立場をとる。「大乗仏教が仏とみなす如来たちには唯一の原点がある。それが大日如来である」とした。顕教が複数の仏を同列に頂くのに対し、密教は高次から、「すべては大日如来に帰する」とし、仏教を統合する立場をとった。

空海に学ぶ

入り乱れた顕教のさまざまな立場を密教は、より高い視点から統合する。

キーワード
KEYWORD

弁顕密二教論《べんけんみつにきょうろん》

顕教に対する密教の優位性を論証した空海の著書。略して『二教論』とも。仏身論、成仏の遅速など論点を４つに分け、問答体で論証している。『十住心論』（96ページ）が、宗教を下から上へ縦に並べ、悟りの段階を整理しているのに対し、こちらは顕教と密教を並置して、悟りの種類を横断的に論じている。

関連する空海の言葉

応化《おうけ》の開説を名づけて顕教という。ことば顕略にして機に逗《かな》えり。法仏の談話《だんかい》これを密蔵という。ことば秘奥にして実説なり。

——『弁顕密二教論』——

解説 相手の状況に応じて形をとった仏の教えを顕教という。言葉は簡明で聞く者の力量に合っている。密教は真実そのものを仏とする。言葉は深く、真理を直に説く。

自分の能力に合わせてわかりやすく学ぶことは必要な段階だ。だが、物事の核心とは、言葉にならない部分にこそある。

まとめ図解 顕教と密教

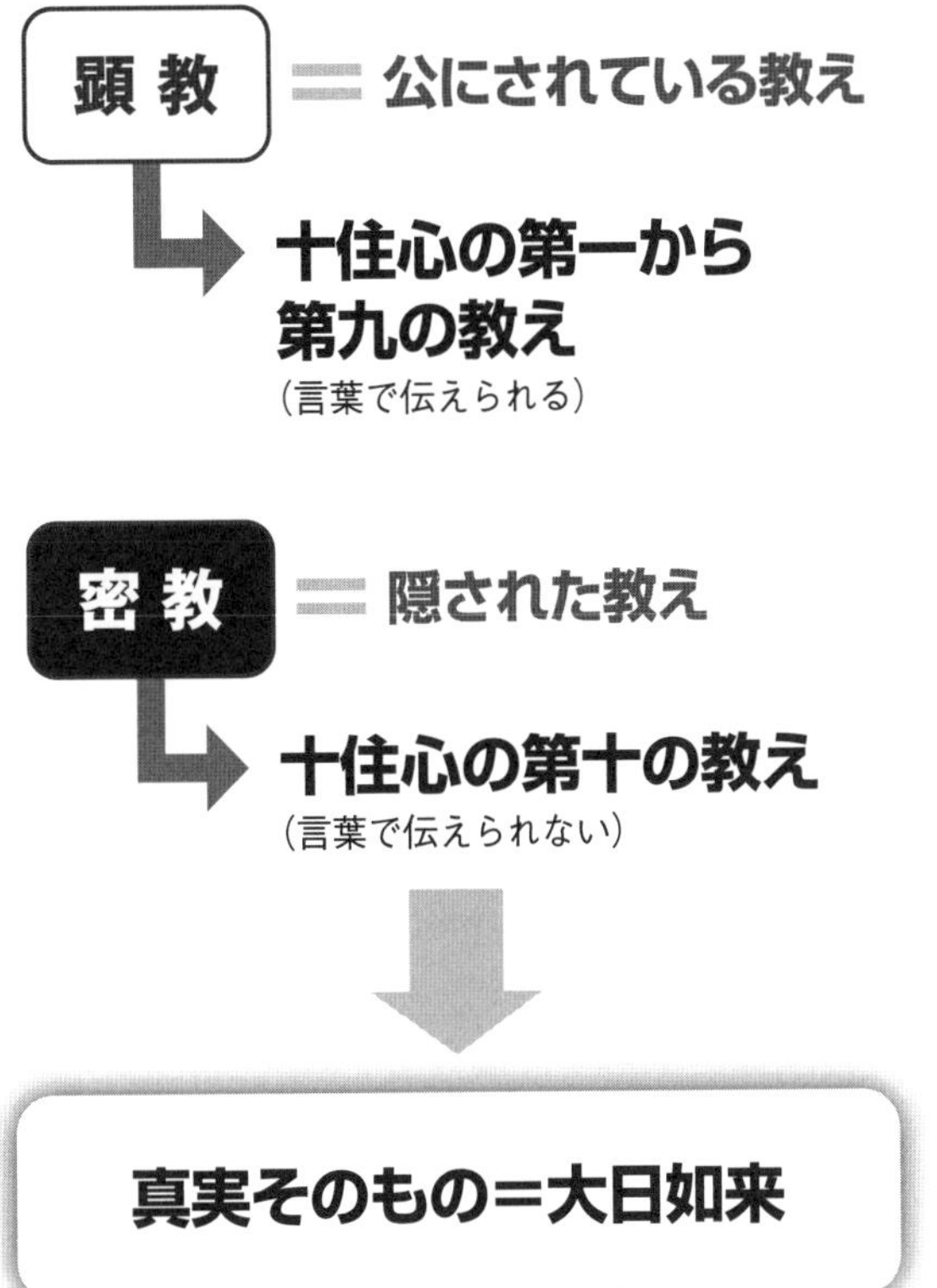
顕教
＝公にされている教え
十住心の第一から第九の教え
（言葉で伝えられる）
密教
＝隠された教え
十住心の第十の教え
（言葉で伝えられない）
真実そのもの＝大日如来

COLUMN

般若心経って何？

空海がひもといた般若心経《はんにゃしんぎょう》の教え

お寺で「写経」を行っているところを見たことがある人もいるだろう。見本である般若心経の一字一句を書き写し、供養や所願成就を祈念したり、自身の心を正すために行っている。

お経のなかでもっともよく知られたのが般若心経だ。短い経文に仏教の教えのエッセンスがこめられている。

このお経に注目したのが空海で、その注釈書として『般若心経秘鍵』を書いている。空海のすごいところは、その時代に存在した各種の翻訳を比較した上で般若心経の内容にふれている点だ。これは、現代の学問の方法とまったく変わらない。

空海は、『般若心経秘鍵』を「文殊の利剣は諸戯を絶つ」という印象深いことばではじめている。文殊菩薩はその深い知恵で無益な議論を一掃するというのだ。空海は、密教と顕教とを比較し、いかに密教の教えがすばらしいものかを強調している。

たしかに般若心経では、大乗仏教以前の小乗仏教の教えが批判され、大乗仏教の根幹にある空の教えが説かれている。その上で、最後に真言(マントラ)の重要性が明かされ、それによって究極の悟りがもたらされるとしているのだ。

ここでは、その全文と意味を紹介しよう。

写経の方法

現在は一般の人にもなじみやすいよう、経文の上からなぞるのみの略儀的な写経が多く行われている。本来は形式にのっとった作法があり、礼拝、懺悔文や三帰の朗誦など、多くの段階を経た後に経文を写す。どちらにせよただ写すのでなく、精神を統一させ、経文の教えを心に刻みながら仏の宇宙へと意識を解き放っていく心構えが必要だ。

写経においては、経文をすべて写し終わったら、その後に為書き(願い)と年月日、氏名を書く。為書きは「為先祖供養」など、「為」という字の下に、実現したい願いを書くようになっている。

仏《ぶっ》説《せつ》摩《ま》訶《か》般《はん》若《にゃ》波《は》羅《ら》蜜《みっ》多《た》心《しん》経《ぎょう》

仏の説いた智慧の心髄

観《かん》自《じ》在《ざい》菩《ぼ》薩《さつ》　行《ぎょう》深《じん》般《はん》若《にゃ》波《は》羅《ら》蜜《みっ》多《た》時《じ》

観世音菩薩が、深い智慧の完成（般若波羅蜜多）の修行をしているとき

照《しょう》見《けん》五《ご》蘊《うん》皆《かい》空《くう》　度《ど》一《いっ》切《さい》苦《く》厄《やく》

五蘊（物質・身体・想念・意思〈欲求〉・認識）はすべて空（実体がない世界・仏の世界）であると悟ったことで、一切の苦悩から救われた。

舎《しゃ》利《り》子《し》　色《しき》不《ふ》異《い》空《くう》　空《くう》不《ふ》異《い》色《しき》

舎利弗（仏の弟子の代表者）よ、色（物質や肉体のある現実世界）は空と異なるものでなく、空は色と異なるものでない。

色《しき》即《そく》是《ぜ》空《くう》　空《くう》即《そく》是《ぜ》色《しき》

色がすなわち空であり、空はすなわち色である。

受《じゅ》想《そう》行《ぎょう》識《しき》亦《やく》復《ぶ》如《にょ》是《ぜ》

受（感覚）・想（想念）・行（意思）・識（認識）も、同様に空である。

舎《しゃ》利《り》子《し》　是《ぜ》諸《しょ》法《ほう》空《くう》相《そう》

舎利弗よ、あらゆる現象は空であり、

不《ふ》生《しょう》不《ふ》滅《めつ》　不《ふ》垢《く》不《ふ》浄《じょう》　不《ふ》増《ぞう》不《ふ》減《げん》

生じることもなく、滅することもなく、けがれであることも、浄らかであることもない。増えもせず、減りもしない。

是《ぜ》故《こ》空《くう》中《ちゅう》　無《む》色《しき》無《む》受《じゅ》想《そう》行《ぎょう》識《しき》

だからこの空の中には、物質や肉体、感覚、認識の感情はなく、

無《む》眼《げん》耳《に》鼻《び》舌《ぜっ》身《しん》意《い》　無《む》色《しき》声《しょう》香《こう》味《み》触《そく》法《ほう》

眼・耳・鼻・舌・皮膚・心がなければ、そこから生ずる視覚・聴覚・嗅覚・味覚・感覚・感情もなく、

無《む》眼《げん》界《かい》乃《ない》至《し》無《む》意《い》識《しき》界《かい》

目に映る世界から意識の世界まで、すべてがないのだ。

無《む》無《む》明《みょう》亦《やく》無《む》無《む》明《みょう》尽《じん》　乃《ない》至《し》無《む》老《ろう》死《し》亦《やく》無《む》老《ろう》死《し》尽《じん》

無明（煩悩）もなければ無明が尽きることもない。あるいはまた、老いて死ぬこともなく、老いと死が尽きることもない。

無《む》苦《く》集《しゅう》滅《めつ》道《どう》　無《む》智《ち》亦《やく》無《む》得《とく》

苦しみの原因もそれを制する道もない。智慧や智慧を得るということもない。

以《い》無《む》所《しょ》得《とく》故《こ》　菩《ぼ》提《だい》薩《さつ》埵《た》

得るものは何もないからこそ菩薩は

依《え》般《はん》若《にゃ》波《は》羅《ら》蜜《みっ》多《た》故《こ》　心《しん》無《む》罣《けい》礙《げ》

般若波羅蜜多（空の智慧）に依拠し、心を覆うものがない状態に入ったのである。

無《む》罣《けい》礙《げ》故《こ》　無《む》有《う》恐《く》怖《ふ》

心の束縛がないため、恐怖を感じることがなく、

遠《おん》離《り》一《いっ》切《さい》顛《てん》倒《どう》夢《む》想《そう》　究《く》竟《ぎょう》涅《ね》槃《はん》

一切の転倒した妄想から遠ざかって離れ、平安の境地に立つ。

三《さん》世《ぜ》諸《しょ》仏《ぶつ》

依《え》般《はん》若《にゃ》波《は》羅《ら》蜜《みっ》多《た》故《こ》

得《とく》阿《あ》耨《のく》多《た》羅《ら》三《さん》藐《みゃく》三《さん》菩《ぼ》提《だい》

過去・現在・未来に存在する諸仏は、
般若波羅蜜多（空の智慧）によって、悟りを得たのだ。

故《こ》知《ち》般《はん》若《にゃ》波《は》羅《ら》蜜《みっ》多《た》　是《ぜ》大《だい》神《じん》呪《しゅ》

だからこそ、般若波羅蜜多（空の智慧）は、偉大な真言であることを知るべきである。

是《ぜ》大《だい》明《みょう》呪《しゅ》　是《ぜ》無《む》上《じょう》呪《しゅ》　是《ぜ》無《む》等《とう》等《どう》呪《しゅ》　能《のう》除《じょ》一《いっ》切《さい》苦《く》

これはまた偉大な悟りの真言であり、無上の真言、何とも比べものにならない真言で、苦しみのすべてを取り除いてくれる。

真《しん》実《じつ》不《ふ》虚《こ》故《こ》　説《せつ》般《はん》若《にゃ》波《は》羅《ら》蜜《みっ》多《た》呪《しゅ》

それは偽りのない真実である。そういうわけで、般若波羅蜜多（空の智慧）の真言を説くのだ。

即《そく》説《せつ》呪《しゅ》曰《わつ》

ここでその真言を説こう。

羯《ぎゃ》諦《てい》　羯《ぎゃ》諦《てい》　波《は》羅《ら》羯《ぎゃ》諦《てい》　波《は》羅《ら》僧《そう》羯《ぎゃ》諦《てい》　菩《ぼ》提《じ》薩《そ》婆《わ》訶《か》

「往き往きて、曼荼羅世界に到達せし者よ。まったく到達せし者よ。悟りあれ。幸あれ（本来、この部分は梵語を音訳した漢語）」

般《はん》若《にゃ》心《しん》経《ぎょう》

以上で、智慧の完成の経文を説き終える。

※宗派によって読み方などが異なり、解釈も数多くあります。菩提寺にお尋ね下さい。

第3章

曼荼羅と仏像の意味

――密教美術に秘められた奥深き仏の世界――

密教美術でもっとも有名なテーマといえば曼荼羅、そして仏像だ。曼荼羅は仏の智慧と慈悲に満ちた宇宙の姿を表しているという。仏像は、大日如来の諸側面を表現しているという。その意味を本章で確認していこう。

他にして不異なり。不異にして多なり。
故に一如と名づくれども、
一は一にあらずして一なり。
無数を一となす。

——『吽字義』——

現れは別であっても本質が異なるのではない。
本質は異ならないが、多数に現れる。
それを一つの真理（一如）というわけだが、
一といっても一ではない。無数を一と観る。

智 1節 曼荼羅とは何か？

言葉では表せない悟りの世界が広がる

曼荼羅の構図は緻密《ちみつ》であり、それぞれに意味がある。智慧と慈悲が煩悩を打ち砕き、悟りの心が育まれる——。曼荼羅から伝わる力が救いを求める者の心に響く。

「曼荼羅の中にこそ悟りの世界がある」

曼荼羅とはサンスクリット語で、「本質を有するもの」の意味。唐より曼荼羅を持ち帰った空海は「曼荼羅の中にこそ、悟りの世界がある」と説いた。

そもそも悟りの世界は奥が深く、言葉で表すことが難しい。

曼荼羅はその世界観が、大日如来を中心におよそ1800体もの仏が、図形や鮮やかな色彩を駆使して表現されている。多くの仏は円や正方形の中に描かれ、全体として精緻を極めた幾何学的な構図になっている。これは、悟りに至る教えが理論化されたものであり、曖昧な要素が入り込む余地がないことを示している。

曼荼羅は、密教において秘法を伝える儀式「灌頂《かんじょう》」にも用いられる。目隠しをして、樒《しきみ》の華を曼荼羅の上に投げ落とし、その華が着地したところにある仏が、僧の守り本尊になるというものだ。空海は、この灌頂において大日如来の上に華を落とし、縁を結んだというエピソードが残っている。

理と智がそろって両界曼荼羅となる

真言宗寺院の本堂には、左右に二つの曼荼羅がある。向かって左が「金剛界《こんごうかい》曼荼羅」、右が「胎蔵界《たいぞうかい》曼荼羅」。130ページよりさらに詳しく見ていくが、金剛界曼荼羅は智を、胎蔵界曼荼羅は理を表す。二対そろって一つの世界が完成することから理智不二《りちふに》といわれる。たとえるならば、父親と母親のように二対で一体の存在であり、合わせて両界曼荼羅《りょうかいまんだら》と呼ばれる。

その他、曼荼羅には法具、梵字、仏像彫刻で描いたものもある（129ページ下図）。

空海に学ぶ

真言密教の教義が網羅された両界曼荼羅には、悟りの世界が視覚化されている。

キーワード
KEYWORD

樒《しきみ》

非常に香りが強く、薄い黄色の花をつける植物。仏前や墓前に供えられることが多く、ハカバナとも呼ばれる。一部の地方では、この実を仏舎利を意味する「おしゃり」と呼び、善良な人が死ぬと、胸にこの形に似たものが残るという言い伝えがある。ただし、実には強い毒があり、食べると死亡することもあるという。

関連する空海の言葉(再掲)

理智、他に非《あら》ず。即ち是れ我が身心《しんじん》なり。

——『笠左衛佐造大日楨像願文』——

解説 曼荼羅のとらえ方を語った言葉。「理」とは胎蔵界曼荼羅のこと、「智」とは金剛界曼荼羅のこと。どちらも別物ではなく、二つは一つである。それは自分の身体・精神でもある。曼荼羅は、すべて大日如来の働きの現れを描いたものであり、それは自らの心・身体にも帰結している。

まとめ図解 4種の曼荼羅（四曼）で宇宙が視覚的に表現されている

①仏画で描いた曼荼羅　両界曼荼羅

寺院にて本尊の両側に掛けられている曼荼羅で、右側の胎蔵界曼荼羅と、左側の金剛界曼荼羅の2つで1セット。胎蔵界曼荼羅は大日如来の真理（理）の世界を、金剛界曼荼羅は仏の智慧を表している

教えを説き、悟りを開く道程を表現

金剛界曼荼羅

大日如来の慈悲の世界が広がる

胎蔵界曼荼羅

染川英輔画・観蔵院 曼荼羅美術館蔵

詳しくは次節へ

その他の曼荼羅

②法具で描いた曼荼羅

三摩耶《さんまや》曼荼羅

蓮華や法具などで、曼荼羅を表現したもの。如来や菩薩などの持ち物が、すなわちその仏を意味している

③梵字で描いた曼荼羅

法曼荼羅

仏の像の代わりに、その仏を意味する真言（梵字）で仏の働きを表現したもの

④仏像彫刻で描いた曼荼羅

羯磨《かつま》曼荼羅

絵画でなく立体的な仏像の彫刻をもって、曼荼羅の宇宙を表現したもの

悟 2節 金剛界曼荼羅とは何か？

堅固な智慧は一切の煩悩を打ち砕く

金剛界曼荼羅は、密教二大経典の一方、『金剛頂経《こんごうちょうぎょう》』の世界が描かれている。金剛石とはダイヤモンドのこと。煩悩を取り去る強い智慧を表している。

成身会《じょうじんえ》を中心に9つの場面が展開する

正方形のパネルが3×3の9枚、並んでいるように見える金剛界曼荼羅（133ページ図）。9つの世界が展開されることから九会《くえ》曼荼羅とも呼ばれる。描かれているのは『大日経』と並ぶ、密教の二大経典『金剛頂経』の教え。金剛石のごとく堅固な智慧を持つ大日如来が、9つの場面それぞれに違った姿で登場する。特徴は円が多用されていること。仏たちは月輪《がちりん》という輪の中にいる。月輪は満月の象徴で、仏の智徳が円満であることを示す。また、月の満ちる様子が、修行の段階に似ていることから円形の構図になったという説もある。

金剛界曼荼羅の基本となるのは、成身会という部分。大日如来を中心に、周りには、仏の慈悲と智慧を象徴する四如来が配置されている。合わせて**金剛界五仏**《こんごうかいごぶつ》と呼ばれ、仏の智慧のありようを示している。その他、女性の姿をした諸尊が五仏を供養する供《く》養会《ようえ》、成身会の内容を大日如来のみで表現した一印会《いちいんえ》などがある。

読み方によって異なる示唆を与え

金剛界曼荼羅は、見る順番によって内容が変化する。1つめは成身会から、すぐ下の三昧耶会《さんまやえ》におりて、時計回りに一周する向下門《こうげもん》。大日如来の悟りの智慧を解説し、教え導くストーリーとなる。もう1つは、右下の降三世三昧耶会《ごうざんぜさんまやえ》から反時計回りに成身会を目指す向上門《こうじょうもん》。悟りを求める修行のあり方を示す。曼荼羅は人々が求めるものに応じ、その表情を柔軟に変化させる。それだけ、曼荼羅の世界の懐が深く完成されたものであるといえよう。

空海に学ぶ

悟りの智慧を表す金剛界曼荼羅。綿密な構成がさまざまな教訓を与える。

金剛界曼荼羅の構造

染川英輔画・観蔵院 曼荼羅美術館蔵

関連する空海の言葉

遮那《しゃな》は中央に坐《いま》す。
遮那は阿誰《たれ》の号《な》ぞ。
本《もと》是《こ》れ我が心王《しんのう》なり。

——『遊山慕仙詩』——

解説 遮那とは大日如来のこと。大日如来が曼荼羅の中央にいる。その大日如来とは、誰のことを指しているのか。本を正せばそれは、自分自身の心である。

大日如来との合一という密教の目的と、曼荼羅の真髄を端的に言い表している。

まとめ図解 智慧に至る道筋を表し

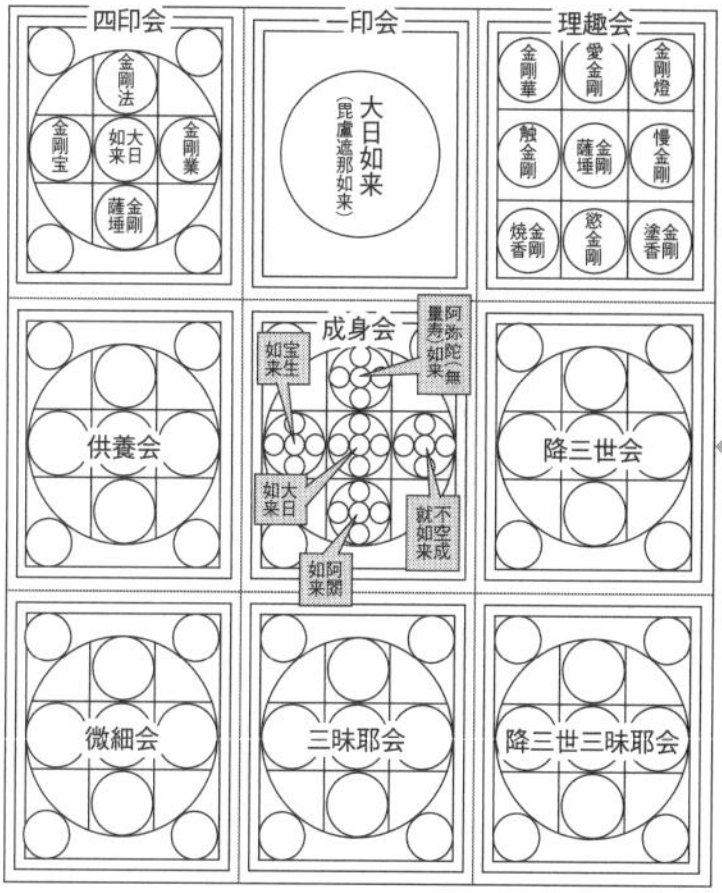

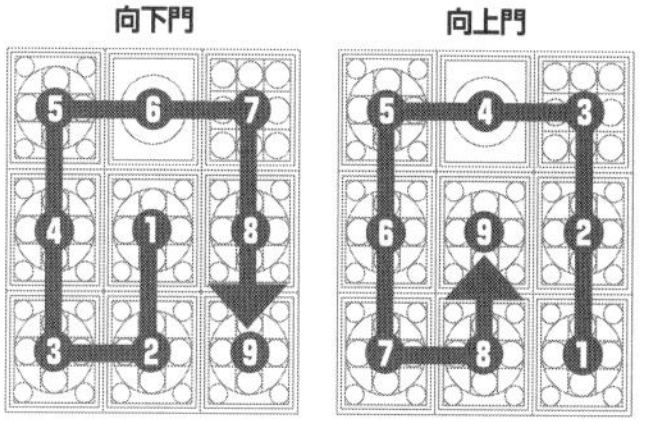

見方の順序は渦巻状に2通りあり、悟りを開いた仏が救済を説く道を表す向下門(時計回り)と、平凡な者が悟りに向かう修行の道を表す向上門(反時計回り)がある。曼荼羅内の方位は上が西である。

キーワード KEYWORD

金剛界五仏

大日如来のほか、豊かさや幸福をもたらす宝生如来《ほうしょうにょらい》、慈悲により救いを与える阿弥陀如来、悪を滅ぼす阿閦《あしゃく》如来《にょらい》、利益を与える不空成就如来《ふくうじょうじゅにょらい》を合わせて、金剛界五仏と呼ぶ。五つの智慧を表しているため、五智如来《ごちにょらい》の別称もある。金剛界曼荼羅の中心にある成身会では、さらに十六菩薩、八供養菩薩《はちくようぼさつ》などが五仏に従っている。

和 3節 胎蔵界曼荼羅とは何か？

悟りへと向かう心が育まれていく過程を表す

胎蔵界曼荼羅は、密教の二大経典のひとつ『大日経《だいにちきょう》』に基づく世界が展開される。「胎」の文字が示唆する通り、仏の慈悲や悟りを求める人々の成長を象徴している。

その名から見えてくる胎蔵界曼荼羅の世界

胎蔵界曼荼羅は、正式名称を「大悲《だいひ》胎蔵生《しょう》曼荼羅」という。「胎」という文字からは、母性的なあたたかさを感じるが、曼荼羅の示す世界もまさに、慈悲や成長が根本にある。

唐の善無畏《ぜんむい》が大日経を解説した『大日経疏《だいにちきょうしょ》』によれば、修行者が初めて仏の智慧を求める心を持つことは、女性の胎内に生命が宿ったことと同じであり、胎内で生命が成長するように、修行者は真言宗の導きによって心が清められていく。

また、女性が子どもを産むように、成長した者たちが社会に貢献していくようにという意味も込められているという。教えの背景には、すべての人が仏になれるという、豊かな慈悲があり、人々の心を癒やしている。

大日如来から生じる力が曼荼羅に満ち渡っていく

胎蔵界曼荼羅の中核にあるのが、中台八葉院《ちゅうだいはちよういん》。蓮華の花の中央に、大日如来、花びらには四如来と、それぞれの如来に従う四菩薩が描かれている。

胎蔵界曼荼羅の注目すべき点は、中台八葉院から発するエネルギーが、曼荼羅全体に広がっていること。その力はまず遍知院《へんちいん》で受け止められ、慈悲と智慧に変化する。そして慈悲は蓮華部院《れんげぶいん》、智慧は金剛手院《こんごうしゅいん》へと流れ出し、さまざまな菩薩に姿を変えている。その他、智慧と慈悲が一対で働くあり方を説く持明院《じみょういん》。智慧と慈悲をより現実的に社会に還元していく様子を描いた釈迦院など、それぞれに異なる役割が与えられている。大日如来のエネルギーが川の流れのように感じられる、動きのある構図である。

空海に学ぶ

仏の慈悲に満ちた世界を表す胎蔵界曼荼羅。すべての存在をゆるし、悟りに導く。

した胎蔵界曼荼羅の構造

染川英輔画・観蔵院 曼荼羅美術館蔵

関連する空海の言葉

一・三・五乗、源《みなもと》一にして派《は》別る。

――『秘密曼荼羅教付法伝』――

解説 世界の真実は、大日如来一つのはずなのだが、その教えの受け止め方によって解釈は千にも分かれてしまう。

同様に、現象もさまざまに現れるが、その背後にある真実は一つ。それを目指して自分を高めていけばいい。

まとめ図解 大日如来の慈悲を展開

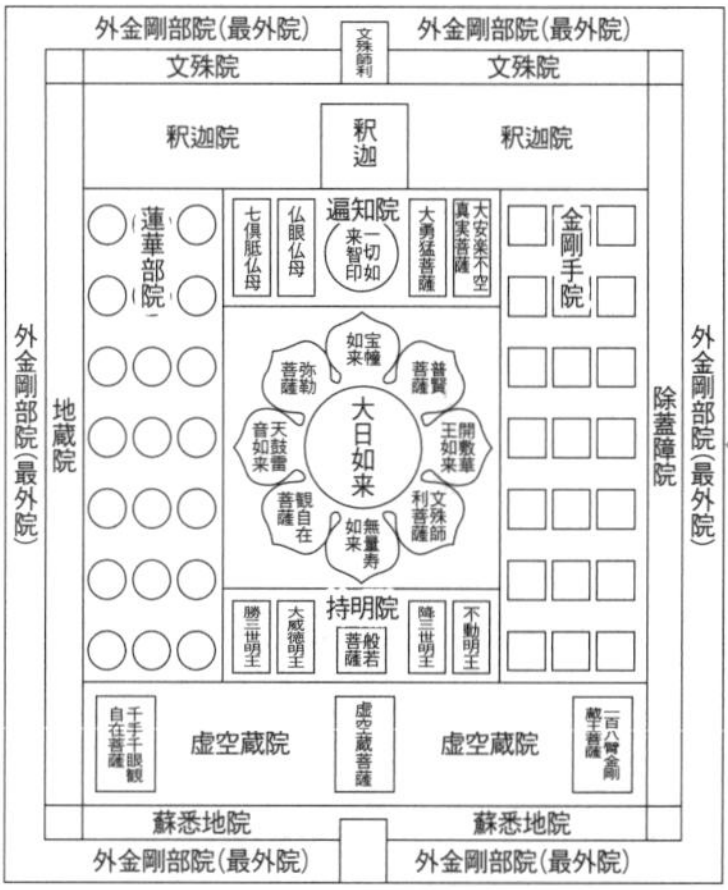

12院に409尊を配置。中央に位置する大日如来の慈悲により生まれた諸仏諸尊の聖なる宇宙を描いている。曼荼羅内の方位は上が東である

キーワード KEYWORD 八葉

中台八葉院の八葉とは、8枚に開いた蓮の花びらを意味する。この形は、インドにおいて人間の心臓を表すとされ、胎蔵界曼荼羅でも、大日如来が坐《いま》す中心部として描かれている。花びらは深紅に色づいているが、これは、大日如来による悟りの智慧を、心臓に流れる血にたとえたのではないか、という説がある。

智 4節

悟りの境地に達し真実から来た者を意味する

さまざまな如来

両界曼荼羅において、中心となる「成身会《じょうじんえ》」「中台八葉院《ちゅうだいはちよういん》」には、大日如来を中心とするさまざまな如来が描かれている。悟りの本質を知る如来の姿に迫る。

完全な人格者として人々の信仰を集める

如来は、修行を完成した者、完全なる人格者といった意味を持つ。さらに、悟りの世界に到達した者が、再び私たちのもとに来て、教え導くという意味もあるという。もちろん真言宗において、もっとも重要なのは大日如来。祀られている仏や菩薩、神々はすべて大日如来の化身だと考えられている。曼荼羅においても常に中心に坐し、宇宙を象徴する存在となっているのだ。

個性豊かなその他の如来たち

如来は通常、出家者の姿をしている。仏画や仏像に表される如来は、薄衣をまとい、身なりは質素だ。ただし、外見においても大日如来は別格の扱いをされており、宝冠をかぶり、装身具を身にまとっている。

その他の如来としては、永遠を表す仏である**釈迦**《しゃか》如来、極楽に人々を迎え入れる阿弥陀《あみだ》如来、薬壺《やっこ》を持ち無病息災をもたらす薬師《やくし》如来などが有名だ。

釈迦如来は、実在の人物・釈迦が時空を超えて悟りを開いた存在となった様を表している。修行中に身につけていた粗末な衲衣《のうえ》で描かれることが多く、人々を救うために身を尽くして苦行した慈悲心を象徴する。右手のひらを前に向けた施無畏印《せむせいん》（人々の畏れを取り払う）、左手のひらをこちらに向けた与願印《よがんいん》（願いを与える）を示していることが多い。

阿弥陀如来は極楽浄土で人々を救済する仏で、来世での利益を約束する。一方、薬師如来は病を治し、現世の利益をもたらす仏と位置づけられている。

空海に学ぶ

修行を完成した如来は、最高位の存在。密教においても中心的役割を果たす。

キーワード KEYWORD 釈《しゃ》迦《か》

仏教の開祖。釈迦を離れた仏教はあり得ない。だが、真言宗において祀られる仏や神々はすべて大日如来の化身である。そこで密教では、古くから「ならば大日如来と釈迦は同じなのか」という議論が繰り返されている。釈迦もまた、大日如来の変化身《へんげしん》だったという解釈がある。密教でも釈迦は重要な存在なのだ。

関連する空海の言葉

一切衆生の身中に仏性あり。如来蔵を具せり。一切衆生は無上菩提の法器に非《あら》ざることなし。

——『秘密曼荼羅十住心論』——

解説 人は誰でも、仏となれる性質（仏性）を持っている。誰でも如来となる才能を秘めている。人には一人として、素晴らしい悟りを得る器を持っていない人はいない。如来と対峙することは、自分の可能性と見つめ合うことでもある。如来と向き合うことを通して、人は自分に秘められた本当の姿を発見するのだ。

まとめ図解 大日如来をはじめとする如来の種類

大日如来

両界曼荼羅の中心で、宇宙の根源とされている仏。他の如来は出家した僧の姿だが、大日如来のみ装身具をつけている。胎蔵大日如来と金剛大日如来は手印が異なる

染川英輔画・観蔵院 曼荼羅美術館蔵

五仏(五智如来)

曼荼羅の中で、大日如来を中心とする東西南北に四如来を配置。胎蔵界での五仏は次の通り

胎蔵界曼荼羅の中台八葉院

※金剛界では、大日如来(智拳印を結んだもの)、阿閦(あしゅく)如来・宝生如来・阿弥陀如来・不空成就如来が五仏とされる

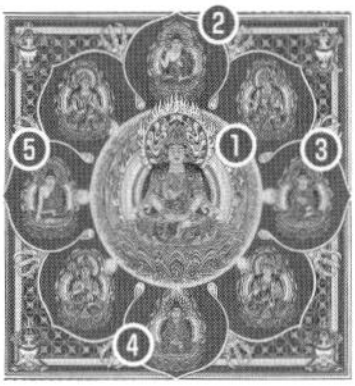

❶ 大日《だいにち》如来
深く瞑想して悟りの世界に入っている母なる仏

❷ 宝幢《ほうとう》如来
智慧の炎で魔の軍隊を打ち破るとされる仏

❸ 開敷華王如来
開敷華(蓮の花)を象徴した悟りの心を開かせる仏

❹ 無量寿如来
無限の命を持つ、現世を照らす仏。阿弥陀如来の別称

❺ 天鼓雷音《てんこらいおん》如来
雷鳴のように轟く真理の響きで目覚めに導く仏

その他の如来		
	釈迦如来	密教では大日如来の現れの1つとされ、仏教の開祖が如来となった姿
	薬師如来	古くから無病息災をもたらす仏として信仰されており、薬壺(やっこ)を持っている像が多い

悟 5節 さまざまな菩薩

如来より人間に近く自らを高める修行を続ける

菩薩はまだ修行中の身だが、人々とともに歩む存在であるところから、信仰を集めてきた。菩薩に求められる覚悟や戒律は我々が正しく生きる指針ともいえる。

菩薩に求められる厳しい戒律

菩薩には、悟りを求める者という意味がある。如来が修行を完成した者を表すのに対し、菩薩はより人間に近い存在である。

菩薩は、自らが悟りを開いて如来になる一歩手前の存在。人々を救うために慈しみの心、哀れみの心、喜びをもたらす心、わが身を捨てて人を救う心、この4つの覚悟「四無量心《しむりょうしん》」を持つことが求められる。

反対に、行ってはならないことも4つある。邪教を信じるべからず、四無量心を捨てるべからず、法を求められたら教えることを惜しむべからず、すべての人に不利益になる行いはするべからず。これを「**四重禁戒**《しじゅうきんかい》」と呼ぶ。

さらに「四摂事《ししょうじ》」という行動の基準も守らねばならない。施しをせよ、思いやりのある言葉をかけよ、人に利益を与える行動をせよ、人とともに行動せよという教えだ。いずれも時代を問わず、日常の営みの基本となる教えばかりである。平易な文言ながら、示唆に富んだ内容となっている。

広く親しまれるお地蔵さんも「菩薩」

菩薩としては、長寿・延命の本尊として白象に乗っていることも多い普賢菩薩、慈悲にあふれる観自在菩薩、智慧を司る文殊菩薩、未来に出現し人々を救うとされる弥勒菩薩などが有名だ。空海も即身成仏を遂げたことにより発光菩薩となった。

そして、お地蔵さんも地蔵菩薩という名の菩薩である。道端に佇む地蔵菩薩は、道すがらお参りしたり、お供えをしたりする身近な存在だ。

空海に学ぶ

菩薩は戒律や覚悟によって、修行を重ねながら、さらなる高みを目指す。

キーワード KEYWORD 四重禁戒《しじゅうきんかい》

密教の四重禁戒については本文で述べた。顕教にも、四重禁戒がある。その内容は、殺すべからず、盗むべからず、邪淫(道に外れた性行為)するべからず、悟っていないのに悟ったと偽るべからず、である。密教のそれとは大きく内容が異なる。それぞれの目指すべきものは、このような違いからもうかがい知ることができる。

関連する空海の言葉

三業《さんごう》の雑穢《ぞうえ》を浄め、身心の熱悩を除き、一切の功徳を成長すること、戒め過ぎたるはなし。

――『梵網経開題』――

解説 三業とは、身体、言葉、心による行い。その穢《けが》れをすすぎ、身を焼くような煩悩に打ち克つことが功徳を伸ばす。そのためには、自らを戒めることが一番である。

戒めとは、自分で自分を制御すること。「人に言われたから守る」では意味がない。自分のために自分を戒めることが大切なのだ。

まとめ図解 仏(如来)の働きを現した菩薩

普賢菩薩《ふげんぼさつ》

菩薩は如来よりも人間に近く、どれも修行者の姿をしている。普賢菩薩は、慈悲を司るとされている。延命の徳をより強く表したのが「普賢延命菩薩」で、密教の延命法の本尊とされる

染川英輔画・観蔵院 曼荼羅美術館蔵

四菩薩

胎蔵界曼荼羅に描かれた4つの菩薩。大日如来を中心に東南・西南・西北・東北の四隅に配置されている

胎蔵界曼荼羅の中台八葉院

❶ 普賢菩薩《ふげんぼさつ》
無病息災や幸福増進をもたらす本尊。仏の慈悲の働きを表現

❷ 文殊菩薩《もんじゅぼさつ》
胎蔵界曼荼羅文殊院の主尊で、智慧の菩薩

❸ 観自在菩薩《かんじざいぼさつ》
自在に姿を変えて人々を救う菩薩で、人の姿のほか、千手観音や馬頭観音などに変化《へんげ》する

❹ 弥勒菩薩《みろくぼさつ》
遠い未来に現れてすべての人を救うという希望の菩薩

その他の菩薩		
	地蔵菩薩	胎蔵界曼荼羅地蔵院の主尊で、弥勒菩薩が出現するまで、迷い苦しむ者を救う
	虚空蔵菩薩	智慧と福徳で願いを叶えてくれる菩薩。頭に五仏のついた宝冠、右手に剣、左手に宝珠を持つ

檄 6節 さまざまな明王

怒りの表情は慈悲の心と表裏一体

怒りの表情を浮かべ、見る者を圧倒するような鋭い眼力の不動明王。その力強さの根底にあるのは、人間の心に巣食う悪を滅ぼし、悟りに導く慈悲の心である。

如来の使者として人々を教え導く存在

怒りに満ちた表情の不動明王に魅力を感じる人は多い。慈悲深い穏やかな表情の仏像や仏画を見慣れているためか、感情むき出しの明王の激しさに、心ひかれるのかもしれない。

明王とは、「明呪《みょうじゅ》（まじないの言葉）の王」を意味する。「お不動さん」として親しまれている不動明王は、大日如来の化身であり、また使者として、密教の修行者を護り、人々の悪心を滅ぼし、悟りに導く役割を担う。

右手に剣、左手に索（縄）を握り、髪は怒りのせいで逆立ち、歯で唇を噛んだ口元からは牙が出ているように見える。青黒い体に片腕をはだけて服をまとい、火炎を背負う姿で描かれることが多い。破壊と創造を司るインドのシヴァ神のイメージが継承されており、胎蔵界曼荼羅では、持明院の中に描かれている（137ページ図）。

独特の表情は、「人々をなんとしても仏法に帰依させようとする気迫」「仏法に帰依しない人々への哀れみ」「仏の世界を汚す煩悩や悪への怒り」といった複雑な思いを表現していると考えられる。不動明王は、災難や天災から私たちを護り、護国を祈っているのだ。

炎で煩悩を焼き尽くし、護摩法要の本尊となる

不動明王は炎の世界に住み、人間界の煩悩や欲望を聖なる炎で焼き尽くしてしまう。だから、炎の力を借りる護摩法要の本尊には、不動明王が据えられているのだ。明王の中でも特に重要な働きをする不動明王は、大日如来の智慧の働きを示す五大明王（149ページ）でも中心的役割を担っている。

空海に学ぶ

明王から発せられる怒りは、人々を救いたいという熱い思いと表裏一体である。

キーワード KEYWORD 明《みょう》王《おう》

怒りの形相で仏法を護る諸尊の一つ。不動明王が有名。その他、あまり知られていないが、ユニークなのが孔雀明王。孔雀が害虫や毒蛇を食べるように、人間に降りかかる災厄や苦しみを取り除く力を持つ。雨を呼ぶ力も備えており、自然と深く結びついた明王。明王の中では唯一、慈悲深い表情を浮かべている。

関連する空海の言葉

哀《あわれ》なるかな、哀なるかな、長眠《じょうめん》の子《し》。
苦なるかな、痛《つう》なるかな、狂酔《きょうすい》の人《にん》。
痛狂《つうきょう》は酔わざるを笑い、酷睡《こくすい》は覚者《かくしゃ》を嘲《あざ》ける。

――『般若心経秘鍵』――

解説　長々と眠りを楽しむ人は哀れだ。酒に酔って浮かれている人は痛ましい。彼らは、酔わない人を笑い、惰眠《だみん》をむさぼる人は、目覚めて活動する人を笑う。
欲望に溺れる人は、そうでない人を「つまらないヤツ」と笑う。だが彼らこそ、人生の真実を知らずに騒ぐ哀れな存在なのだ。

まとめ図解 悪い心を滅ぼして導く明王

不動明王

古代インドのシヴァ神の別称で、災難を取り除き、修行する者を護る。右手に剣、左手に索(縄)を持ち、背中に火焔を背負った姿が多く、人々の悪心を滅ぼすとされている

染川英輔画・観蔵院 曼荼羅美術館蔵

五大明王

特に格の高い5つの明王を組み合わせたもので、不動明王を中心に、東に降三世、南に軍荼利、西に大威徳、北に金剛夜叉を組み合わせた彫像や図絵が多く残る

❶ 不動明王
もっとも格の高い明王で、不動安鎮法などの本尊ともなっている

❷ 降三世《ごうざんぜ》明王
煩悩を克服する仏。欲望、怒り、愚かさの三毒を抑え、鎮める

❸ 軍荼利《ぐんだり》明王
災いを鎮める仏。額にも目があり、体に蛇を巻きつけているのが特徴

❹ 大威徳《だいいとく》明王
魔物から護る仏。6つの顔に各6本の手足があり、敵と真っ向から対決する守護神

❺ 金剛夜叉《こんごうやしゃ》明王
魔物を降伏させ、仏法に従う者を護る仏。手に金剛杵を持つ

降三世明王

大威徳明王

その他の明王

孔雀《くじゃく》明王 災難や病魔を除く明王で、雨を呼ぶ力を持つ。明王の中で唯一、憤怒の形相ではなく、菩薩のような安らかな顔立ちをしている

愛染《あいぜん》明王 人間の持つ煩悩の1つである愛欲を、浄化して悟りに変化させる明王。宝瓶の上に置かれた蓮華座に座っているのが特徴

智 7節

修法の場を浄め本尊を供養する法具

心から尊ぶ気持ちを込めお迎えをする

密教の寺を訪れると、本堂の壇にたくさんの法具が置かれている。種類も多く、形も複雑だが、すべては本尊を尊ぶ気持ちから生まれたものである。

密教法具の果たすさまざまな役割

真言宗の仏事で用いられる法具は、本尊をはじめ、祈りの場や行者を護り、浄化するために用いられる。

行者を煩悩から遠ざけるために使われる金剛杵《こんごうしょ》、輪宝《りんぽう》、羯磨《かつま》は、古代インドで用いられた武器をかたどったもの。行者を護る道具である。

祈りの場である道場や行者も不浄であってはならず、香によって浄める。そのとき使われるのが洒水器《しゃすいき》、塗香器《ずこうき》。

また本尊を供養するために、花を飾り、食べ物を用意する。華瓶《けびょう》や香炉、飲食器《おんじきき》も大切な法具だ。

本尊に対しては供養のみならず、金剛鈴《こんごうれい》という鈴を鳴らし、音曲を奏でてもてなす。私たちも人を招くときは、家を掃除し、花を飾ったり、食事を作ったり、「楽しんでもらおう、寛いでもらおう」と工夫をこらす。それは招く人を大切に思う気持ちの表れ。仏教でも、お迎えする本尊を心から尊ぶ気持ちが込められているのだ。

百八つの玉から成る数珠の密教的解釈

私たちにもっとも身近な法具は、数珠だ。密教では数珠を「**念珠《ねんじゅ》**」と呼ぶ。念珠は、2つの大きな玉（達磨《たらま》）の間に、54個ずつの玉が合計108個、連なっている。これはよく知られる、人間の百八つの煩悩を象徴したもの。除夜の鐘を百八つ、ついて煩悩を消すように、念珠を数えながら真言を唱え、煩悩を消していくのだ。達磨とは、道理のことであり、阿弥陀如来の説法の徳を表している。達磨の一つは、母《おや》玉《だま》といわれ阿弥陀如来そのものを意味している。

空海に学ぶ

法具には、お迎えをする本尊への尊崇の念、悟りへの強い思いが込められている。

キーワード KEYWORD 念《ねん》珠《じゅ》

密教で用いる数珠。釈迦が「木槵子《もくげんじ》の実を百八つ連ねて、いつも身につけ、百万回、仏法僧と唱えれば煩悩が消える」と説いたことに起源がある。僧侶が念珠を擦る仕草をよく見るが、これには煩悩を擦り減らすという意味がある。材料は菩提樹、むくろじ、蓮、香木といった植物の他、金・銀・銅、水晶、真珠、珊瑚など。

関連する空海の言葉

古《むかし》の人は道のために道を求む。今の人は名利《みょうり》のために求む。名のために求むるは求道の志にあらず。求道の志は己を忘るる道法なり。

――『答叡山澄法師求理趣釈経書』――

解説

昔の人は、真実そのものを求めていた。だがいまは、名声のために道を求める人もいる。それは本当の求道の志ではない。道を求めるとは、我を忘れて打ち込むことなのだ。自分を高めるなら、それ自体を目的としよう。ポーズでやったり、利益を求めて行っても、真の成長にはつながらない。

まとめ図解 修行の際に行者を護る法具

輪宝

旋回させることで、煩悩を絶つとされる。
修法では大壇の中央、塔の前に置く

羯磨

三鈷杵を十字に組み合わせた法具で、修法では大壇の四隅に置き、修法作業の成就をはかるもの

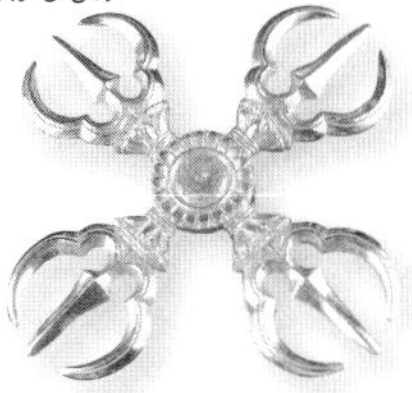

金剛杵

元々は古代インドの武器で、煩悩や障害を打破し、結界を護る役割を持つ。
五鈷杵は五智、三鈷杵は三密、独鈷杵は慈悲を象徴

五鈷杵

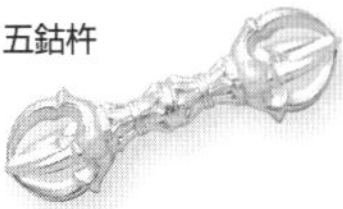

三鈷杵

独鈷杵

画像提供：仏教美術 天竺（輪宝・羯磨）、滝田商店（金剛杵）

和 8節

〝塔〟の持つ意味とは？

塔の形にこそ密教の原理が表れている

五輪塔、卒塔婆、五重塔など、仏教において塔は非常に重要な役割を果たしている。そこに込められた深い思想をひもといてみよう。

塔を建てることは最高の功徳である

塔の起源は、釈迦の入滅後、遺骨を分けて、8つの塔（ストゥーパ）を建てたことに始まる。以来、塔は仏教の中心を表すものとなり、塔を建立することは、高い功徳を積むことだと解釈されるようになった。

塔の種類については、まず五重の屋根を持つ建築物、五重塔が挙げられる。世界最古の木造建築物であり、世界遺産の法隆寺の塔などが有名だ。

次に寺院、墓などでよく目にする**五輪塔**《ごりんとう》。石で造られた立方体、球体などがまっすぐに積み上げられている。

一見、すぐに崩れてしまいそうな不安定な姿だが、そこには仏教の深い意味が込められている。

その他、故人の追善供養のために墓に立てる木片、卒塔婆《そとば》がある。これは五輪塔を簡略化したもの。

よく見れば板には切れ込みがあり、五輪塔と同じ形状をしている。

壮大な宇宙と大日如来の姿を表す

五輪塔の形は157ページ図のように、下から、正四角形、円形、三角形、半円形、一番上に水滴のような形状をした宝珠で構成される。意味するところは、同じく下から地、水、火、風、空だ。

つまり塔は、六大のうち「識」を除く、宇宙の物質的要素（＝自然界）全体を表している。これは大日如来の働きそのもの。塔を建てることも即身成仏を願う祈りの形なのだ。塔に足を踏み入れることは、大日如来の懐に招かれること。五輪塔には、大日如来の恵みを象徴とし、森羅万象の神秘に迫ろうとする密教の願いを見ることができる。

空海に学ぶ

仏教における塔は、宇宙の真理を示し、大日如来の慈悲を表している。

キーワード KEYWORD 五輪塔

地、水、火、風、空を象徴する塔のこと。人間の身体にあてはめる考え方もあり、これを「支分生《しぶんじょう》曼荼羅」という。下から「足と腰」「腹」「胸と首」「顔」「頭部」を指し、これにより人間の五体が成り立っているという。仏教では五の数字が「すべて」の意味になることが多い。5つの要素の組み合わせで全宇宙、人の全身を象徴するのだ。

関連する空海の言葉

法性身塔《ほっしょうしんとう》、奇なる哉《かな》、皇《おお》いなる哉。

――『造二部大曼荼羅願文』――

解説

仏の真理、大日如来を表す塔はなんと不思議なのか、なんと偉大なのか。

人は感性を豊かに保つことで、事物の背後に隠れた意味に感動できる。自然＝仏と受け止められる感性があれば、塔を前にしてもまた、仏の教えをありありと感じられる。空海のそんな感動が素直に込められた言葉。

まとめ図解 五輪が表す形と意味

塔婆は、もともと石や土を積み上げて作った釈迦をとむらう墓のこと。供養のために塔を建てることは限られた人にしかできなかったため、塔→石塔→板塔婆へと変化していった

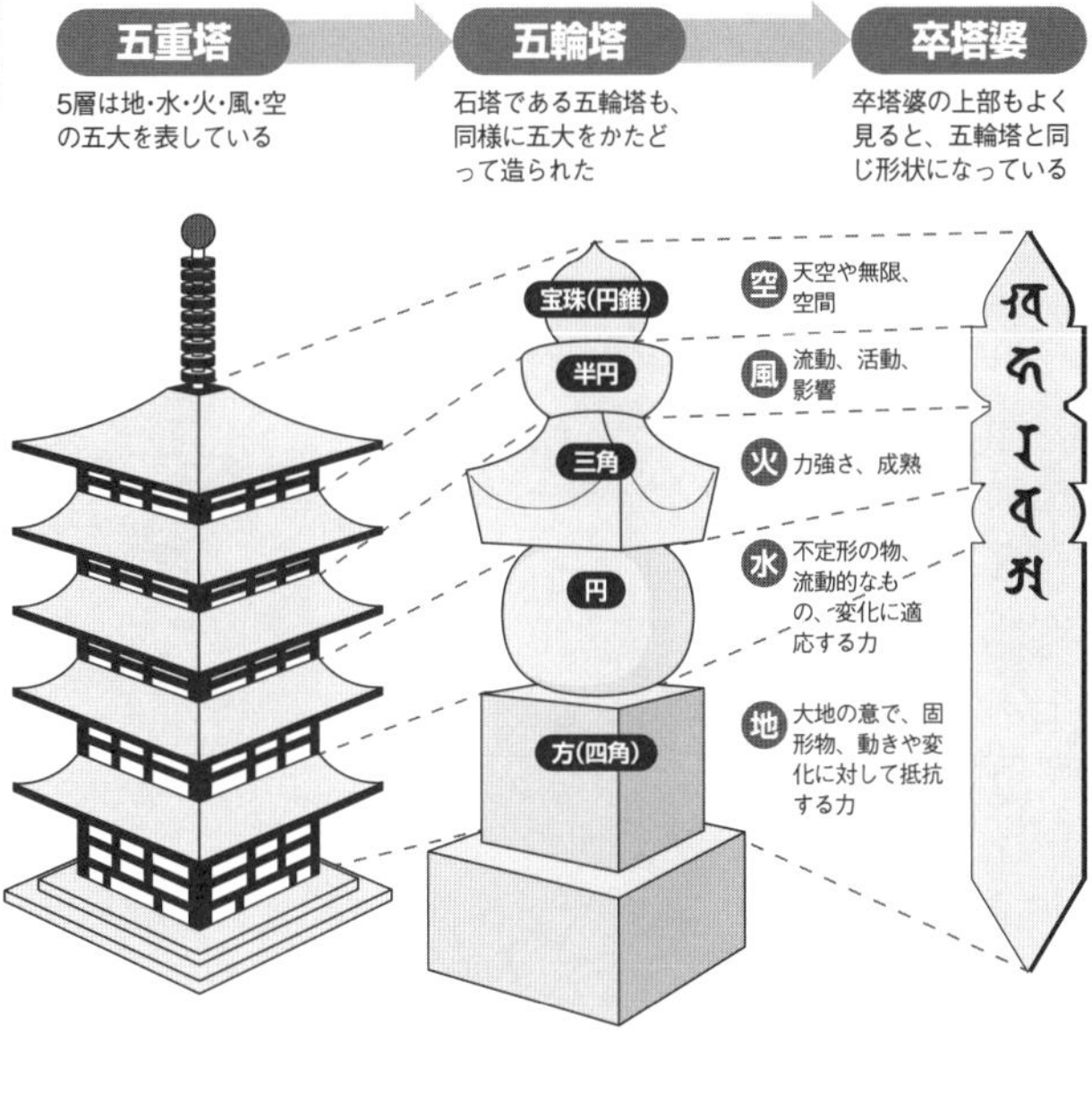

檄 9節

法衣を見れば僧階や儀式の内容がわかる

ヒエラルキーを如実に表す密教の法衣

もともと粗末な布から出発した僧侶の衣服も、仏教の隆盛とともに、その姿を変えてきた。現在の法衣とはどのようなものなのだろうか。

袈裟の原型は人々が捨てた布

僧侶がまとう衣服を法衣という。本来仏教では、出家すると私有物を持ってはならない。そこで古くなった布や、汚物を拭くための布などを縫い合わせて衣服を作った。これが袈裟の原型、糞掃衣《ふんぞうえ》である。右肩を出す形となっているのは、不浄とされている左手を隠すためだといわれている。

袈裟は、奇数の布を縫い合わせて作る。小さな布を縫い合わせて縦長にしたものの一枚を「条」と呼び、条数が多いほど正式なものとされる。古くは宮中などに行くときは九条以上、僧侶同士が集まるときは七条、通常は五条の袈裟を着ていたという。

僧階によって衣の色が異なる

日本は、灼熱のインドとは違い、冬場に袈裟だけでは寒くてたまらない。袈裟が伝来すると、その下に衣を身につける習慣が生まれた。衣にはさまざまな色があり、僧の階級によって、身につけられる衣の色は異なる。

たとえば真言宗智山派であれば、最高位の色は紫であり、次いで萌黄（緑）、浅葱色（青）と続く。また、大法要のときに、僧侶の頂点に立つ大僧正は鮮やかな緋色（赤）の衣をまとい、僧階を得たばかりの僧侶は黄色、修行者は黒かねずみ色を着用するといった決まりがある。その他、高野山で行われる正月の**修正会**では、袈裟や衣ばかりでなく、扇子、念珠に至るまで、身につけるべきものが細かく定められている。寺で僧侶を見かけたら、法衣にも注目してみよう。寺院におけるヒエラルキーを垣間見ることができる。

空海に学ぶ

法衣の起源はボロ布。僧侶は僧階や儀式の内容に合わせた法衣を着用する。

キーワード
KEYWORD

修正会《しゅしょうえ》

仏教寺院において、毎年正月に行われる法会のこと。前年の行いを反省し、新しい年を司る歳神を迎えて国家安泰や五穀豊穣を祈る。高野山の修正会は、顕教が金堂で行われ、密教が大塔で行われる。修正会のときに高野山にお参りすると、お守りと福杖が授けられるとあって、毎年多くの参拝者が訪れる。

日常的な法衣

基本の法衣は、袈裟と衣。普段は、たもとの短い簡易的な改良服に、折五条（紐状の袈裟）を首にかける服装が多い

日常着

関連する空海の言葉

頭《こうべ》を剃って欲を剃らず。衣を染めて心を染めず。

──『秘蔵宝鑰』──

解説 頭を剃って見た目が僧になったからといって、欲望を捨てないのでは意味がない。さまざまな色の法衣をまとっても、心を仏の教えに染めないのはいけない。

まとめ図解 法衣はTPOで異なる

大法会などの正装

結縁灌頂などで、高僧が着用。袈裟や衣はいろいろな種類があり、儀式や僧階によって異なる

日常の法会などの正装

右の日常的な法衣の他、加法衣という袈裟をまとうこともある

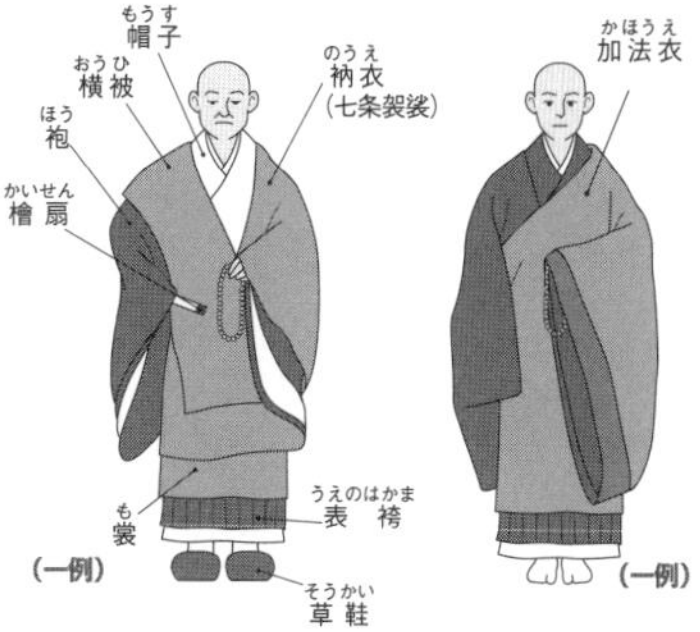

晴れの衣装

何かを始めるとき、外見から入り、それで満足しては意味がない。本来の目的を忘れず、常に初心に返らなければならない。

COLUMN

法要や祭事に参加してみよう
真言宗の年中行事

1月

修正会《しゅしょうえ》　新しい年の無事平安を祈り、人々の幸福を願って勤められる法要。正しい教えによる正しい修行を行っていこうという意味合いで修正会といわれる。

後七日御修法《ごしちにちみしほ》　最初、空海が導師となって宮中の真言院で営まれた。国家鎮護のための最重要な密教儀礼。室町時代に途絶えたが江戸時代に復興。明治以降に東寺（教王護国寺）に移され、1月8～14日に営まれるようになった。

2月

節分星供《せつぶんほしく》　立春の前の日、星供曼荼羅を祀り、それぞれの運命を支配する星に供養して、1年間の無事息災を祈る。星まつりとも呼ばれる。

常楽会《じょうらくえ》　釈迦が入滅した2月15日に、その遺徳をしのんで、涅槃図などを掲げて行う法会。

3月

彼岸会《ひがんえ》　春分の日（彼岸の中日）を中心に、７日間行われる行事。先祖への報恩感謝としてお寺詣り、お墓参りが行われる。

正御影供《しょうみえく》　御影とは空海の尊像のこと。空海が入定した日に、供養の法要を行う。御影の前に生野菜（生身供）を供え、感謝の心を捧げる法会。

4月

仏生会《ぶっしょうえ》　４月８日の釈迦誕生を祝う法会で、「灌仏会」「降誕会」「花まつり」とも呼ばれる。花御堂《はなみどう》を作り、誕生仏を甘茶で洗い清める。

5月

結縁灌頂《けちえんかんじょう》　在家の信者が仏との縁を結ぶ（結縁）行事で、大壇に導かれ、そこに敷かれた蔓茶羅の上に華を投げ落として自分の守り本尊を決定し、頭に如来の法水を灌《そそ》いでもらい（灌頂）、大日如来と一体であることを自覚する儀式。高野山では５月３～５日、10月１～３日に行われる。

6月

宗祖降誕会《しゅうそごうたんえ》　６月15日の空海の誕生日に、お祝いの法会や慶讃行事が行われる。「青葉まつり」「いろはまつり」などとも呼ばれる。花御堂を作り、誕生仏を甘茶で洗い清める。

7～8月

盂蘭盆会《うらぼんえ》　うらぼん＝苦しみを救うという意味で、地獄から極楽へ救うということ。先祖供養や盆踊り（歓喜の輪）が行われる。お盆は「仏説盂蘭盆経」という釈迦の教えによって行われる仏教全体の行事。

9月

彼岸会《ひがんえ》　秋分の日（彼岸の中日）を中心にした前後3日、あわせて7日間行われる行事を彼岸会と称し、先祖への報恩感謝、仏心回帰の期間として、お墓参りや供養が行われる。

12月

お十夜《じゅうや》法会（五日三時《ごにちさんじ》法要）　空海が師である恵果に報いるため、恵果の命日に現・神護寺で行った法会が起源。夕方、早朝、昼の3度、仏さまへの報恩感謝の法要を行う。

期日未定

護摩供　不定期で行われる護摩供は、堂内で行う壇護摩の他、屋外で修される柴灯護摩がある。護摩壇に設けられた炉に、煩悩を意味する薪を焚きながら修する行法で、諸願成就を祈るもの。

大般若法会《だいはんにゃほうえ》　『大般若波羅蜜多経』６００巻を転読して悪事災難を払い、社会の平安や、家庭の幸福を祈る法要。

写真提供：金剛峯寺　参考出典：朱鷺書房『真言宗の常識』他

第4章

密教の修行とは？

――密教に生き、新たな生命を得るために――

密教が悟りのために身体活動と体験性を重視しているのは、ここまでに説明してきた通り。では密教にとって「身体を使う」ことには、具体的にはどんな意味があるのか。修行や儀礼、日常的な生き方などをトピックごとに見ていこう。

口に信修《しんしゅ》を唱うれども、
心すなわち嫌退すれば、
頭《はじめ》あって尾《おわり》なし。いって行せざれば、
信修するがごとくなれども
信修となるに足らず。

――『遍照発揮性霊集』――

口で「修行が大切だ」と言っても、心で嫌っていては、始めがあって終わりがないに等しい。口で語っても実践しないなら、修行しているように見えても真の修行とはいえない。

慈 1節 密教の修行の考え方「三密」とは？

身体と意識に働きかけ大日如来との合一を目指す

空海の密教（真言宗）の特徴の一つが厳しい修行。その根底にあるのは、悟りの世界に「三密」の修行（三密行）を通して至る、という考え方だ。

身体を酷使することで悟りの世界を目指す

悟りとは、世界の成り立ちの秘密を知ることであり、人生の真実にたどり着くこと。そこに至るために、厳しい修行を行うのが密教の特徴の一つだ。

たとえば、キリスト教でも、修道院で生活する修道士たちは節制や沈黙を課されるが、これは精神的に自らを鍛える、という意味合いが強い。

その点、密教では、滝に打たれたり、真言を数千回、数万回と唱えたりと、いわば身体を使うこと自体が目的である修行が多い。

三密行では手に印を結び口に真言を唱え、仏を想う

こうした違いは、人間の身体を含めて世界は神によってつくられた被造物にすぎないとするキリスト教に対し、密教は、すべてが大日如来の現れであると考えることに関係している。身体もまた大日如来の現れであり、真理に至るための大切な架け橋なのだ。

この考えを端的に表したのが、「三密」という言葉。身体・言葉・意識という3つの人間の活動のことで、悟りのための修行とは、この三密すべてを使って行わなければならないとされる。

密教の目的は「この身のままで仏になる」こと（即身成仏）。密教とは、真理への到達のために、特に身体の尊さ（身体性）を説く宗教なのだ。

身体を使った修行としてもっとも典型的なのは、手を組み合わせて印をつくること。言葉（口）を使った修行とは、真言を繰り返し唱えること。2つを行いながら、三摩地の心境に至る。これが三密行の基本となる。

次節から詳しく見ていこう。

空海に学ぶ

身体に働きかけて悟りの道を目指す。考えるだけでは、真理には到達できない。

キーワード
KEYWORD

三摩地《さんまじ》

意密修行において重要とされる独特の集中した状態。サンスクリット語「サマーディ」の音訳。瞑想によって仏に心が集中し、気が散ったり、乱れたりしない状態。三摩地に至れば、没我状態となり、対象を偏りなく、正しく受け止められる。三昧《さんまい》、三摩堤《さんまだい》とも。日常的には三昧が読書三昧、グルメ三昧などとよく使われる。

関連する空海の言葉

三密、刹土《せつど》に遍《あまね》く、虚空《こくう》、道場を厳《かざ》る。山毫《さんごう》、溟墨《めいぼく》を点じ、乾坤《けんこん》は経籍《けいせき》の箱なり。

――『遊山慕仙詩』――

解説 三密を介して、自らが世界全体とつながっているようなイメージ。三密は世界中に広がっている。空は自分がいる道場を厳かに飾る。山は筆のようにして空に文字を書いている。天地は偉大な書物を納めた箱である。

世界とはいわば、悟りの真実について書かれた本をしまう箱。開かれるのを待っている。

まとめ図解 即身成仏の基本は三密行

3つのポイントをおさえて修行する

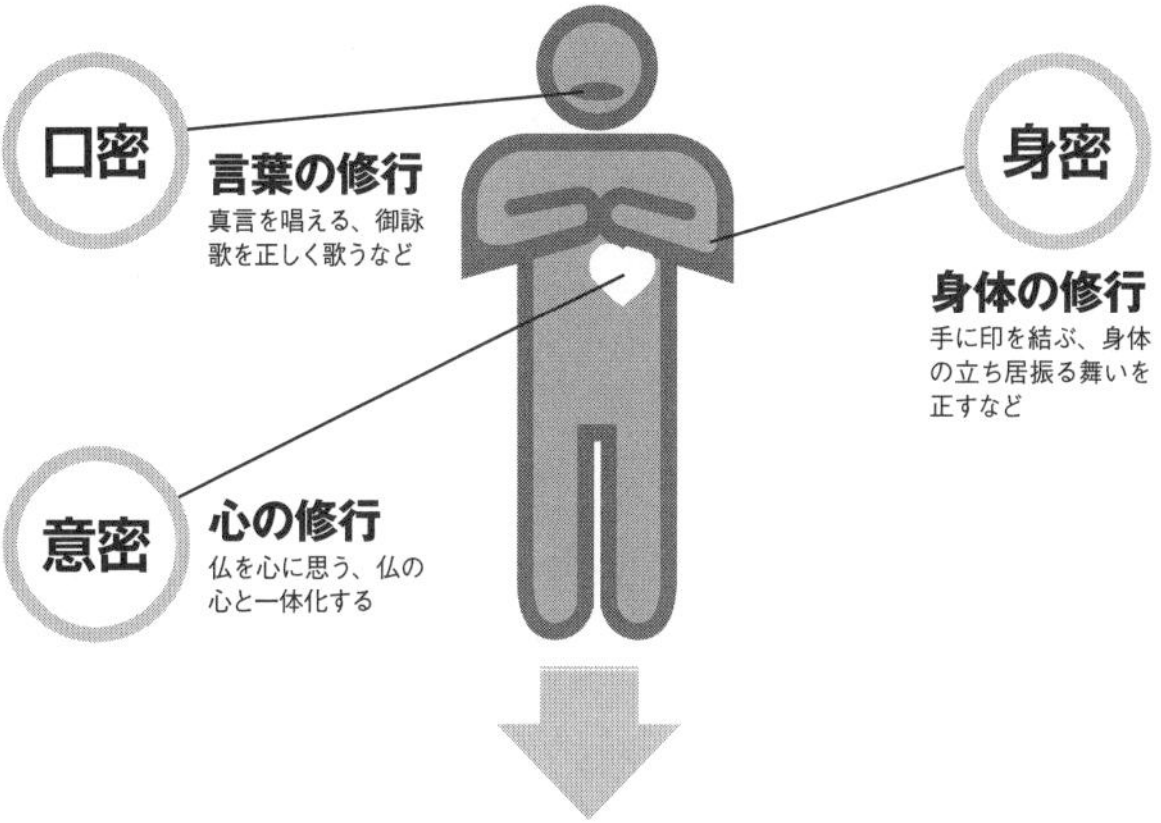

即身成仏の道へ

三密行を積むことによって、仏や菩薩と合一する、つまり即身成仏することが理想

空海の言葉

手に印を結び
口に真言を唱え、
心三摩地に住す

空海は修行の基本姿勢として、仏と同様の身体行為として合掌し、仏の言葉や説法を口にし、心は曼荼羅の仏と一体化する境地へ導くことを唱えている

悟 2節

手印にはどんな意味がある？

自らを仏と合わせ仏の姿を自らに宿す

身体を使った修行（身密修行）の形として、私たちにもなじみ深いのが手で印を結ぶこと。単に両手を合わせる動作も、実は手印の一種である。

両手を合わすおなじみの動作も手印の一種

寺にお参りしたときや、葬式で焼香を上げたあとに手を合わせる。日本ではありふれたシーンだし、こうした場面では何気なく行っている人も多いだろう。だが実は、この動作を印という。密教において「**手印**を結ぶ」ことは、重要な意味を持っている。

密教では、人間の身体もまた大日如来の現れであるとする。そこで、身体に働きかけることによって、仏に近づこうとする。これが身密修行の狙いだ。

手印とは、手指を組み合わせることにより、いわば宇宙の生命との合一を図ろうとする動作なのだ。

密教では、右手は仏、左手は自分を意味する。２つをそっと合わせる動作は、大日如来との合一を象徴しているのだ。これを合掌印という。

中でも一般的な合掌印は、掌をピッタリくっつける堅実心合掌《けんじつしんがっしょう》と、掌の間に隙間を作る蓮華合掌《れんげがっしょう》である。指の1本1本に意味があり、これらの組み合わせによって、象徴する意味合いが変わってくる。他にも、拳印、定印と呼ばれる手印がある（175ページ図）。

誤って手印を使えば災いを招く

密教では、手印は軽々しく結んではならない。特に真言宗では、その作法について慎重だ。なぜなら、身体と宇宙はつながっており、印を結べば、その影響は宇宙全体に及ぶからだ。誤って印を用いれば、その神秘の力が、望まぬ形で発動してしまうと考える。

そこで修行者や僧侶は、袈裟や法衣で手を隠し、手印を人目には触れないようにしている。

空海に学ぶ

身密の代表が手印。両手は宇宙を表し、その組み合わせで仏との合一を図る。

キーワード KEYWORD 手印

身密修行とは、「印契《いんげい》」を作ること。印契とは、契約時にハンコを押すように、決まった姿勢をとることで、これによって修行者は仏と深く結ばれることを目指す。印契のうち、全身で特定の姿勢を作るものを「契印」、手指を組み合わせて特定の形を作るものを「手印」という。五体投地や遍路なども広義には印契といえる。

関連する空海の言葉（再掲）

法身《ほっしん》何《いず》くにか在る。遠からずして即ち身なり。智体《ちたい》云何《いかん》ぞ。我が心にして甚だ近し。

――『於東大寺供養三宝願文』――

解説 仏の身体はどこにあるのか？　それは自分の体である。智慧の本体とは何か？　それは自分の心である。本当に求めるものや答えを人は最初から知っている。真理に到達するためには、自分の外ではなく、内に目を向けなければならないのだ。

まとめ図解 仏の悟りを両手で表現した手印

合掌印

堅実心合掌
手のひらを固くしっかりと合わせることで「堅実心」を表す

蓮華合掌
つぼみのように指をふくらませた形。未《み》敷《ぶ》蓮《れん》華《げ》合《がっ》掌《しょう》ともいう

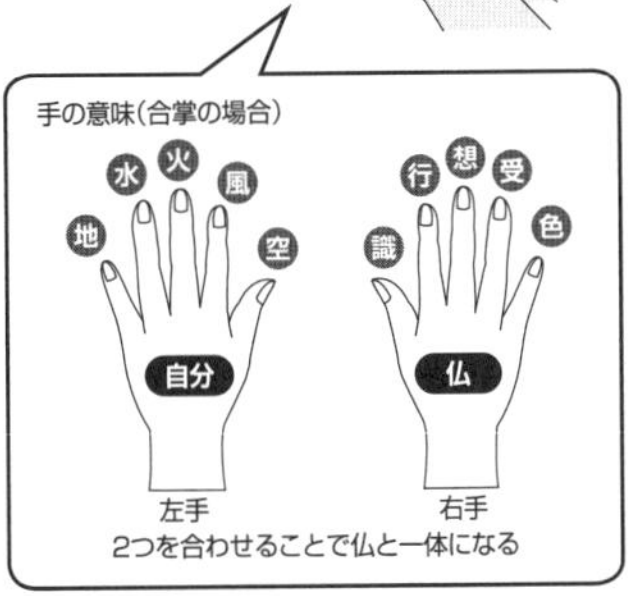

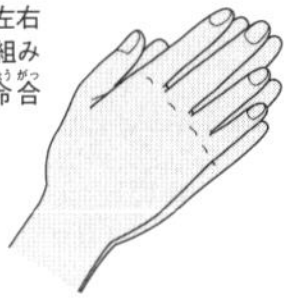

金剛合掌
右手を上にし、左右の指先を交互に組み合わせる。帰《き》命《みょう》合《がっ》掌《しょう》ともいう

拳印

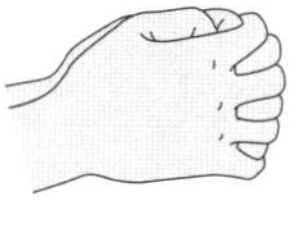

内《ない》縛《ばく》拳《けん》
指を手のひら内で交差させ、内側に折り込んだ握り方。指は右が上になる。胎蔵界を象徴する拳

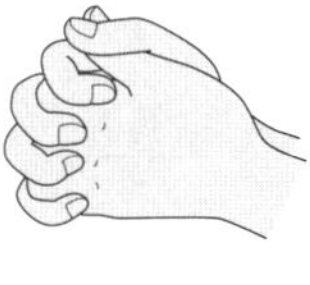

外《げ》縛《ばく》拳《けん》
右が上になるようにして、左右の指を根本まで入れた握り方。金剛界を象徴する拳

定印

法界定印

左手を上にし、左右の親指同士がわずかに触れる

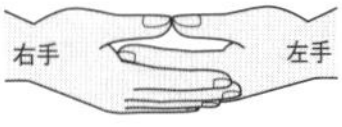

左図とは逆に、右手を上にして、左右の親指同士がわずかに触れる

智 3節 真言にはどんな意味がある？

まことの言葉の発声が仏の本性を呼び起こす

真言とは、「あびらうんけんそわか……」のような呪文みたいなフレーズだ。このようなフレーズを発声し、繰り返すことの意味とは何かを見ていこう。

なぜ真言が必要なのか？

日本には、古来より「言霊《ことだま》」という考え方がある。言葉には不思議な力が宿っていて、一度口から発したことは必ず実現する。だから、口は慎まなければならない、という考え方だ。

密教の「**真言**《しんごん》」の発想は、これに近い。真言とは、読んで字のごとく、「真実の言葉」のこと（179ページの梵字で記したフレーズ）。空海は、真言を大日如来が語った真実の言葉、と位置づけた。これをそのまま唱えることが、言葉（口）を使った口密《くみつ》修行である。

呼び起こした仏の本性が真言を唱える自分と重なる

仏や菩薩に祈る際の真言は決まっており、口密修行ではこれを数千回、数万回と唱える。真言はサンスクリット語なので、聞いても意味は不明だが、日本語に訳しても意味はない。真言は音自体、まさに言霊が重要なのだ。

なぜなら、真言には固有の空気の振動（波動）があるからだ。たとえば、不動明王のための真言を唱えることは、言霊によって不動明王の本性を宇宙から引き出そうとすることに等しい。真言を唱えることで生まれる波動は、宇宙における「不動明王の働き」に共鳴する。何度も繰り返し唱えることで、その共鳴は大きくなり、ついにはその力が発現する、というわけだ。

しかも真言を唱えるために声帯を震わせているのは、自分自身だ。大日如来の真言を唱えれば、共鳴して立ち上がる大日如来の本性は、いま波動を発している己と重なり合う。「私が大日如来である」という悟りの心境にも近づいていける。

空海に学ぶ

真言は諸仏・菩薩の働きを呼び起こす。同時に自分も諸仏・菩薩と重なり合う。

キーワード KEYWORD 真言

サンスクリット語「マントラ（真実の言葉）」の訳語。大日如来が真実を語った言葉とされ、仏・菩薩に祈る際に唱える。原語の音写で、仏への帰依や礼賛を意味し、同じ意味の日本語に置き換えては意味がない。発音を通して固有の波動を引き起こすことが重要だからだ。梵字で1文字から数十文字まで、その長さはさまざま。

関連する空海の言葉

真言は苦を抜き楽を与う。

——『声字実相義』——

解説 もっとも重要な言葉、それが真言だ。真言は、発すれば苦しみを和らげ、人を楽にする。目先の利益や関係作りのために言葉を使っていては、真に人のためになる言葉をかけてあげることはできない。本当の言葉を口にする勇気を大切にしたい。

まとめ図解 仏・菩薩自身の言葉で表した真言

金剛界五仏の種子と真言

種子=その仏を象徴する梵字

大日如来

おん　ばざら　だどばん

宝生如来

おん　あらたんのう
さんばんば(ばば)　たらく

不空成就如来

おん　あぼきゃしつでい　あく

阿閦如来

おん　あきしゅびや　うん

観自在王如来

おん　ろけい　じんばら
あらんじゃきりく

不動明王の真言

不動明王

のうまくさんまんだ、ばざらだん、せんだん、
まかろしゃだ、そわたや うんたらた、かんまん

悟 4節

真言宗の瞑想法とは？
心を落ち着かせ仏と一体の無我となる

意識にアプローチして悟りを目指すために欠かせないのが瞑想だ。真言宗で基本となる瞑想法には、「月輪観《がちりんかん》」と「阿字観《あじかん》」がある。

本尊の掛け軸を前に行う真言宗ならではの瞑想法

瞑想とは、意識に働きかけることによって悟りに近づくことを目指す修行のこと。意密修行の一つで、真言宗では観法《かんぼう》という。観法の中でも基本となるのが「月輪観」と「阿字観」だ。

座禅などと異なるのは、両者は本尊とされる掛け軸を前に行うこと。掛け軸に描かれているのは、大きな円を白い蓮の花が支えている構図。円の中には大日如来を表す梵字〝𑖀《ア》〟が描かれている。大きな円を月輪といい、大日如来の完全に満ちた智慧を表している。蓮の花は万物を育む慈悲の象徴だ。

この掛け軸を前にあぐらをかくように座って、大日如来と一体化した境地、「**入我**

我入」を目指す。

「自分」を忘れ大日如来と一体化する

瞑想はまず、月輪観から行う。静かに呼吸しながら阿字観本尊の月輪に集中する。目を閉じても月輪が見え、それ以外は見えない、というところまで精神を深め、自分という意識がなくなるところまで瞑想する。「自我」から自由になることが瞑想の基本なのだ。

続けて阿字観に入る。今度は、本尊の中心の〝𑖀《ア》〟を思うように瞑想する。〝𑖀《ア》〟は大日如来であり、それは宇宙そのものである。そこに意識を重ねることで、自分もまた大日如来である、という境地に向かおうとするのだ。

月輪観で精神を解き放ち、阿字観で宇宙と一体化させる。2つの瞑想はそんな流れとなっている。瞑想を行うには、入室（入堂）↓三礼↓合掌礼拝↓……などと作法があり、実践には、指導を受ける必要がある。

空海に学ぶ

観法を通して無我の境地を目指す。すべてをゆるし、受け入れる心を手に入れる。

キーワード KEYWORD 入《にゅう》我《が》我《が》入《にゅう》

仏と一体になった状態で、密教が目指す最高の境地。「仏が我に入ってくる。同時に私が仏に入る」といった意味。自分という境界がなくなり、宇宙の生命（大日如来）と一体化した状態。宇宙と自分は同一であり、区別がない。自分もまた仏である、というすべてを受け入れた状態。不二合一《ふにごういつ》などともいう。

関連する空海の言葉

近くして見がたきは我が心、細《さい》にして空《くう》に遍《あまね》きは我が仏なり。我が仏、思議《しぎ》しがたし、我が心広《こう》にしてまた大なり。

——『十住心論』——

解説

自分の心はすぐ近くにあるのに見えない。自分の中には、宇宙に広がる仏の世界が満ちている。だが、その仏に意識の働きで到達することは難しい。心とは広大だ——。

瞑想とは、自分の心の中に眠る本当の自分を探すためでもある。空海は、意識によって自分を発見することの難しさを説く。

まとめ図解 掛け軸に精神を集中する瞑想の方法

瞑想のやり方

月輪観 基本の瞑想

一、月を描いた掛け軸をかけ、その前で座禅を組む

二、掛け軸に描かれた無欠の満月を深く瞑想し、自分の心が清浄な満月と等しいと実感するように修行する

月輪観本尊 白い円（満月）を描いた掛け軸

阿字観 月輪観をさらに深めて大日如来の聖宇宙に心を広げていく瞑想

一、阿字観本尊の掛け軸をかけ、その前で座禅を組む

二、はじめは月輪観を行う

三、〝𑖀〟に精神を集中させて心と合一されるように瞑想する

阿字観本尊 満月の中に、蓮華上の〝𑖀〟を描いた掛け軸

瞑想の姿勢

- 初めは目を半分開ける程度にする（気が散らず、眠くならないよう）
- 右手の甲を左の掌の上にのせ両手の親指を合わせる「法界定印」を組む
- 座布団を敷き、片足を反対の足の太ももの上に置くすわり方が一般的。ただ、正座やイスでもかまわない

智 5節

仏道に入るための儀式とは？

仏の真理を授かり受け継ぐ3つの「灌頂《かんじょう》」

真言宗の儀式の中でも独特で重要とされているのが「灌頂」の儀式。仏との縁を結ぶ結縁《けちえん》灌頂、本格的な修行に入る前の受明《じゅみょう》灌頂、秘儀を授かる伝法《でんぽう》灌頂がその代表だ。

頭に水を注がれ仏と縁を結ぶ

真言宗にはさまざまな儀式があるが、中でも独特で重要とされているのが、「灌頂」という儀式だ。灌頂とは、水を頭頂に灌ぐ、という意味。元は、古代インドで王の即位式に行われていた儀式だ。それが密教に伝わり、仏の智慧の水を修行者に授ける意味の儀式として行われるようになった。

灌頂にはいくつか種類があるが、なかでも修行を高めていく節目として重視されているのが「**結縁灌頂**」「受明灌頂」「伝法灌頂」の3つ。

第一段階の結縁灌頂とは、仏との縁結びを行う儀式。いわば、真言宗への正式な〝入信〟を社会的に表明する意味を持ち、一般の信者（在家）でも授かることができる。

華を投げ落として守り本尊を決める

結縁灌頂を受ける者は、目隠しをしたまま道場に入り、曼荼羅に華を投げ落とす。その落ちた先にある仏尊が入信者の守り本尊となる。つまり、その本尊との縁を結ぶための儀式というわけだ。これを「投華得仏《とうけとくぶつ》」という。空海は恵果のもとでこれを行い、その華は大日如来の上に落ちた。

その後、入信者は阿闍梨《あじゃり》（師となる高僧）から仏の智慧を象徴する水差しから頭に水を灌がれる。そして、法名《ほうみょう》と血脈《けちみゃく》を授かる（187ページ図）。

次の段階の受明灌頂は弟子灌頂ともいい、密教の弟子として本格的に修行に入る信者のための灌頂。伝法灌頂は、師匠の位の阿闍梨となることを許した者に大日如来の秘法を授ける儀式。厳しい修行を経た者しか受けられない。

空海に学ぶ

守り本尊と縁を結び、仏の智慧を頭に受ける。
結縁灌頂は、真言宗に生きる決意表明。

キーワード
KEYWORD

結縁灌頂《けちえんかんじょう》

仏との縁を結ぶ儀式で、いわば真言宗への〝信仰告白〟を意味する。目隠しをしたまま道場に入り、曼荼羅に華を投げ落とす。これを「投華得仏《とうけとくぶつ》」といい、その華が着地したところの仏尊と縁を結ぶ（守り本尊となる）。その後、仏の智慧を表す水を頭に灌がれ、法名と血脈をもらう。この儀式は誰でも受けられる。

関連する空海の言葉

秘蔵の奥旨《おうし》は文《もん》を得《う》ることを貴しとせず。ただ心をもって心に伝うにあり。文はこれ糟粕《そうはく》なり。文はこれ瓦礫《がれき》なり。

――『答叡山澄法師求理趣釈経書』――

解説

本当に大事なことは文章では伝えることはできず、心から心に伝えるしかない。そのとき、文章は残りかすや瓦礫にすぎない。

文字では、本当に伝えることも知ることもできない。だから修行がある。修行とは、長年かけて真実を伝え、受け継ごうとする営み。修行とはコミュニケーションの形なのだ。

まとめ図解 結縁灌頂の方法（一例）

❶結縁灌頂の前に、法要を行う

三昧耶戒（さんまやかい）法要に参加し、結縁灌頂の心の準備をする。懺悔文（ざんげもん）、三帰三竟（さんきさんきょう）、十善戒、発菩提心（ほつぼだいしん）真言…などの経文を全員で唱える。阿闍梨が経を唱え、信者がそれを繰り返す

❷道場にて、結縁灌頂を行う

ここからは、関係者以外立ち入り禁止となる。灯明のみの光の中、胎蔵界曼荼羅を広げた壇前に目隠しをした状態で立ち、華を投げ落として守り本尊を決める。仏の5つの智慧（五智）をかたどった五瓶の水を修行者の頭に灌ぐことによって、真理を受け継いだことを示す

❸法名と血脈を授かる

灌頂が無事終了すると、法名（仏弟子としての名前）と血脈（真言密教の系譜）を阿闍梨から授かる

結縁灌頂の内道場壇

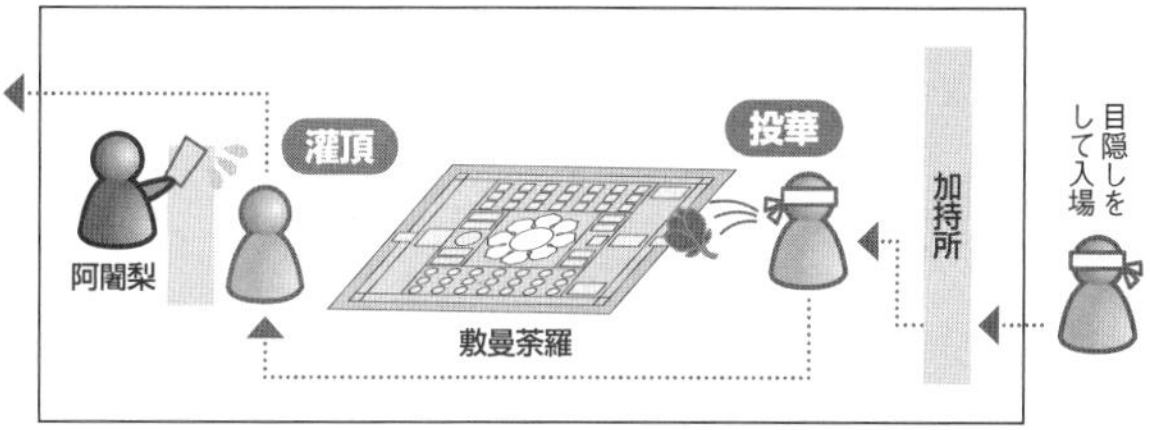

檄 6節

「護摩《ごま》を焚《た》く」とは何か？

炎によって煩悩を絶ち願望を成就させる

祭壇に激しく火を焚いて祈る「護摩」は、密教の加持祈祷の方法としてよく知られている。その目的は、煩悩を打ち払い、現世での福徳などを得ることだ。

仏の炎がよこしまな心を浄化する

「護摩」とは、目の前の炉（護摩炉）に火をともし、そこに薪（護摩木《ごまぎ》）をくべながら真言を唱え、祈祷する儀式だ。願望を成就するために行う加持祈祷（修法《しゅほう》という）として、映画などで見かけたことがある人もいるだろう。真言宗の寺院では、参拝者のために屋外にしつらえた護摩壇に護摩を焚いているところもある。

護摩の儀式は、古代インドの祭祀に起源を持つ。祭壇で火を焚き、供物を投げ込むことで火の神の加護を得ようとする儀式に「ホーマ」があり、これが密教に伝わったといわれている。

ただし密教では、炎は仏の智慧とされる。そこに真言を唱えながら護摩木を投げ入れることで煩悩を焼き払い、悟りに近づくために行われる。炎自身が何かをもたらす即物的な儀式ではない。炎の力が心に響き、自らが高まるのだ。思い描かれる本尊には、不動明王（146ページ）が選ばれることが多い。

瞑想により心の中で護摩を焚く方法もある

護摩の修法には2種類ある。火を起こして行う護摩は「**外護摩**」。対して、瞑想を通して実践する護摩を「内護摩《ないごま》」という。

内護摩では、心の中に護摩壇を描き、自らを護摩壇とする。不動明王を念じながら護摩の炎を起こし、燃えさかる炎で煩悩を焼き尽くすのだ。

一方、外護摩は、信徒や参拝者の現世の幸せ（願望）を祈って焚かれることもある。目的は息災、増益《ぞうやく》、調伏《ちょうぶく》、敬愛《きょうあい》など。特に調伏は戦国時代、敵方の不運を願って盛んに行われた。

空海に学ぶ

護摩の炎は煩悩を焼き尽くす。炎を通して激しく自らを追い込み、高めるのだ。

キーワード
KEYWORD

外《げ》護《ご》摩《ま》

護摩の修法のうち、護摩壇をしつらえ、護摩炉に火を焚く護摩の儀式。息災・増益などの目的で行う場合、祈願の方角、炉の形、色、使用する護摩木など、細かい作法にのっとる必要がある。寺院の堂内で行う護摩を壇護摩《だんごま》、屋外で修験者などが行う護摩を柴灯護摩《さいとうごま》という。煩悩を焼き払うために、火渡りを行うこともある。

関連する空海の言葉

苦空《くくう》の因を済《すく》うは利他なり。

——『請来目録』——

解説 人間は苦しみが絶えない生き物だ。それは苦しみに原因があるから。では、人はなぜ苦しむのか。それは、自分の利益を求めるからだ。欲しいと思い煩悩を抱くから、得られないことが苦しみとなる。

苦しみから逃れるには、煩悩を断ち切り、他人の利益のために生きることが大切だ。

まとめ図解 護摩は煩悩を焼き清める修法

護摩の種類

内護摩

瞑想の中で行う護摩のことで、行者の智慧の炎によって、己の煩悩と無知を焼き尽くすことを目的とする

外護摩

実際に火を燃やして焚く護摩。壇護摩(堂内)と柴灯護摩(屋外)がある

護摩を焚く意味

護摩

=炎の中に供物(薪のようなもの)を投げ込みながら祈祷をする

煩悩を焼き清めることで、悟りに近づく

護摩で祈願できる4つのこと

- **息災** 災厄を消去する
- **増益** 福徳や利益を増進する
- **調伏** 障害を除去する
- **敬愛** 和合・親睦を祈る

目的によって、火を焚く炉の色や形、時刻、座る位置などが細かく規定されている

一般信徒の実践する「供養」とは？

「供養」の基本は人が人に対して施すこと

真言宗を「実践する」といっても、だれもが出家者のように本格的に修行をするわけにはいかない。そこで一般信徒が仏の教えを実践するための行動が供養と礼拝である。

人に施すことは仏への感謝を行動に変えること

即身成仏の教えは、厳しい修行を積むことだけで実践できるわけではない。日常生活で真言密教の教えを実践することも可能だ。それが一般信徒に勧められる真言宗の〝かたち〟、供養だ。

供養は普通、死者のために、善根（よい報いをもたらす行為）を行うことで、自らの功徳を積む追善供養を指す。寺や塔の建築、卒塔婆などの設置、写経、墓参りなどがそれにあたる。

このような行いは言い換えれば、死んで仏になった人物に対して、敬いの気持ちを行動に表す、といった意味合いと見ることができる。

だが、真言宗の場合、仏とはすべてに浸透しており、人と仏には区別がない。だから、いわゆる〝仏前〟に限らず、人に何かを施すということもまた、供養なのである。目の前の人もまた仏。その人に感謝と敬意をもって行動することは、密教的な教えの体現であり供養なのだ。供養という言葉には、人同士（＝仏同士）、ともに養い合う、との意味もあるという。

供養の気持ちを礼拝と六種供養で表現する

とはいえ、仏をまつる仏壇の前では、作法にのっとった供養を行うことも重要だ。そこでまず求められるのが礼拝。通常は、蓮華合掌か金剛合掌で仏前に手を合わせる（195ページ図）。

さらに、仏前での供養の実践では、「**六種供養**《ろくしゅくよう》」が基本だ。茶湯《ちゃとう》、塗香《ずこう》…を調えて、仏への敬意を表す。大切な存在を迎える気持ちが自然に表れたことを続けることで、功徳が積まれ、自分の中の仏性も高まっていくのだ。

空海に学ぶ

厳しい修行だけが悟りの道ではない。人に優しくすることもまた、仏の道。

キーワード
KEYWORD

六種供養

真言宗における仏前での供養の基本的な形式。仏への感謝と敬いを表現したもので、茶湯、塗香、華鬘《けまん》、焼香、飲食《おんじき》、燈明の6形式からなり、それぞれによって得られる徳の種類も異なる。つまり六種供養とは、6つの徳を高めるための修行でもある。これによって、一般信徒にもまた、即身成仏への道が用意されている、といえる。

関連する空海の言葉

彼《か》の身《しん》即ち是此《これこ》の身、此の身即ち是彼の身、仏身即ち是衆生《しゅじょう》の身、衆生の身即ち是仏身なり。不同にして而《しか》も同なり、不異にして而《しか》も異なり。

——『即身成仏義』——

解説

相手の身体は自分の身体、自分の身体は相手の身体。仏の身体は人々の身体、身体の仏は人々の身体。同じではないが同じであり、異なっていないが異なっている。すべては根源的な一つの仏。人と対することは自分と対すること。人の価値を認めることは、自分の価値を認めることだ。

まとめ図解 礼拝と供養の方法

礼拝

自分の姿を正し、願いを込めて礼拝する。
仏と一体になるために合掌する

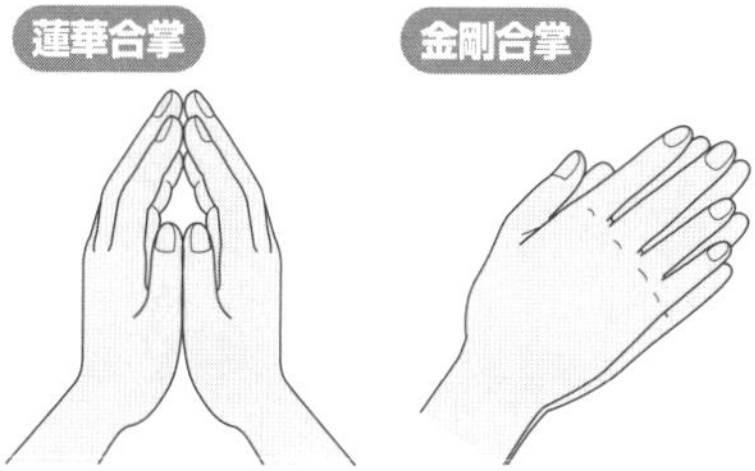

六種供養

仏を供養するとともに、感謝の心を持つ。仏道の修行の一環でもある

茶 茶湯《ちゃとう》

茶湯を仏に供える。仏の喉を潤す水（茶）で、末永く生命を保っていただく

得られる徳 布施

清 塗香《ずこう》

仏前に座る前に、香の粉を両手に塗る。仏とともに、自分自身を清浄する意味合いがある

得られる徳 持戒

華 華鬘《けまん》

仏前に花を供える。花＝汚れなきものとして、苦しみや辱めに耐え忍ぶ徳を表している

得られる徳 忍辱

香 焼香《しょうこう》

抹香、五種香、線香をあげる。一直線に燃え、香りを広げることから、精進の徳が得られる

得られる徳 精進

食 飲食《おんじき》

仏前にご飯を供える。お腹を満たすことで平安の心を保つとして、精神統一をはかる

得られる徳 善定

光 燈明《とうみょう》

燈明を灯す。仏の智慧の輝きを表し、世界や自分の心の正しい道へ、あかりを灯す意味合いがある

得られる徳 智慧

悟 8節 四国八十八カ所を回る遍路の意味

弘法大師とともに四国を巡り悟りを得る

「お遍路」として知られる四国八十八カ所巡りは、悟りを求めて空海ゆかりの霊場を訪ねる修行だ。そこには「いまなお空海は生きている」という信仰も根強い。

全行程約1200㎞を徒歩で巡礼する

遍路 とは、四国にある88カ所の真言宗の霊場を参詣する道のりのこと。四国は空海が生まれ、若い頃に修行に励んだ土地だ。そのゆかりの地を訪ね、悟りの道を求めることとする。

霊場は道場ともいい、参拝時に「南無大師遍照金剛」という弘法大師の法名（宝号）を記した札を納めるため、「札所」とも呼ばれる。遍路は道のり1200㎞、普通に歩けば2カ月近くかかるといわれる山あり谷ありの道だ。

仏教の悟りの道は、発心（悟りを求める心を持つ）→修行→菩提（悟りの境地に至る）→涅槃《ねはん》（悟りが完成する）の4段階があるとされる。遍路では順に、徳島→高知→愛媛→香川の道場がこの4段階に意味づけられている。

空海とともに歩き己の心を高める

遍路で着用する笠や白衣には氏名のほか「同行二人」と書く。これは自分と弘法大師のこと。遍路を巡る修行の旅には、弘法大師が同行して守ってくれるという信仰があるからだ。一人旅であってもそれは、弘法大師との心の対話の旅となるのだ。

弘法大師はいまも遍路で修行を続けているとされ、橋を渡る際は、寝ている弘法大師を起こさないよう、杖を突いて音を立ててはならない。最後に高野山奥之院を訪れて満願成就とする人もいる。遍路を逆にたどることを「逆うち」といい、大願成就に通じるという。

簡易化された巡礼として、八十八カ所を4度にわけて回る一国《いっこく》参り、主要な道場を選択的に訪ねる七カ所参り、十三カ所参り、十七カ所参りなどもある。

空海に学ぶ

遍路は空海との対話の道。道場の数を過ぎるほど、悟りに近づいていく。

キーワード KEYWORD 遍路

巡礼の一種で、一般にはいわゆる四国八十八カ所巡りを指す。江戸時代までは「辺路」「邊路」と書かれ、京を離れた辺境の修行の地を巡る道を意味した。四国の遍路は、悟りに至る過程「発心→修行→菩提→涅槃」になぞらえて、それぞれ阿波(徳島)、土佐(高知)、伊予(愛媛)、讃岐(香川)の道場が割り当てられている。

関連する空海の言葉

始めあり終《お》わりあるは、これ世の常の理《ことわり》、生者必滅はすなわち人の定まれる則《おきて》なり。

——『大日経開題』——

解説 始めがあれば終わりがあるということは、この世の法則であり、生きている者が必ず死ぬこともまた、人間に定められた運命である。

だが空海は、いまも人々の中にあり、永遠の命を生きている。終わりがあるからこそ、「いま何をなすべきか」が問われている。死があるからこそ、人生は輝く。

まとめ図解 四国八十八カ所の道場

全行程は約1200kmあり、徳島県は発心の地、高知県は修行の地、愛媛県は菩提の地、香川県は涅槃の地とされている。難所や距離の遠い寺もあり、何回かに分けて遍路をする人も多い。

第88番
医王山《いおうざん》 大窪寺《おおくぼじ》
四国遍路の結願の寺で、18kmの山道を登った先にある。納経所に申し出れば、金剛杖や菅笠を奉納することができる
本尊 薬師如来
香川県さぬき市多和兼割96
第1番
竺和山《じくわざん》 霊山寺《りょうぜんじ》
空海が留まって修法したとされ、八十八カ所巡りのスタートとなる寺。必要な遍路道具もここでそろえられる
本尊 釈迦如来
徳島県鳴門市大麻町板東字塚鼻126
結願《けちがん》
88カ所の道場すべてを巡り終えたら「結願(結願成就)」となる。この後、高野山の奥之院に詣でることで満願成就とする考え方もある
香川
(涅槃の地)
愛媛
(菩提の地)
高知
(修行の地)
徳島
(発心の地)
第45番
海岸山《かいがんざん》 岩屋寺《いわやじ》
岩山の急勾配にあり、本堂は巨岩に覆われている。大師堂は国の重要文化財に指定されている
本尊 不動明王
愛媛県上浮穴郡久万高原町七鳥1468
第26番
龍頭山《りゅうずさん》 金剛頂寺《こんごうちょうじ》(西寺《にしでら》)
海抜200mの岬の上にある寺で、霊宝館には、空海ゆかりの重要文化財6点など、多くの寺宝を所蔵している
本尊 薬師如来
高知県室戸市元乙523

空海に会える!

日本密教のお寺見どころガイド

真言宗はいくつもの派に分かれ、密教寺院は全国に点在している。有名な四国の八十八カ所霊場とともに、礼拝、供養、写経などができる場所を訪ねてみよう。これまでの知識を携えてお寺を訪ねれば、今までのお参りとは見方が異なり、寺院の奥深さが見えてくることだろう。ここでは全国各派の本山を中心に紹介する。

和歌山

高野山真言宗総本山

金剛峯寺《こんごうぶじ》

山懐に築かれた真言密教の聖地

山深い地に117の寺院が集まる高野山真言宗の中心。空海が真言密教の道場を設立することを願い、弘仁7(816)年に朝廷から許可を得た。金剛峯寺という名称は、空海が『金剛峯楼閣一切瑜伽瑜祇経』というお経より名づけたといわれている。寺の建物は以前は青巌寺と呼ばれ、豊臣秀吉が母親の菩提寺として建立したもの。明治2(1869)年に隣接する興山寺と合併し、総本山金剛峯寺となった。東西約60m、南北約70mの主殿(和歌山県指定文化財)や石庭などが広大さと優美さを誇っている。空海が入定している奥之院は浄土に通じていると信仰され、参道にはたくさんの墓がある。参拝者のための宿坊も充実。毎年8月13日には、空海が行った法会「万燈万華会」の精神を受け継ぎ、「万燈供養会(ろうそく祭り)」が行われる。

奥之院御廟橋

大門(重要文化財)

根本大塔

DATA

住所 和歌山県伊都郡高野町高野山132
電話 0736-56-2011
アクセス 南海高野線極楽橋駅下車、南海高野山ケーブルで高野山駅下車、南海りんかんバスで千手院橋下車、徒歩2分
URL http://www.koyasan.or.jp/

高野山真言宗遺迹《ゆいせき》本山

京都

神《じん》護《ご》寺《じ》

密教関係の美術品が数多くそろう

平安京造営の功労者、和気清麻呂が建てた高雄山寺と神願寺が前身。和気氏は新進仏教の後援者で、唐から帰国した空海が入京する際に高雄山寺に招いた。嵯峨天皇と交友を深めた空海は、弘仁元(810)年、ここで初めて国家的な祈祷を行い、真言密教の基礎を固めた。天長元(824)年には高雄山寺と神願寺が合併して神護寺と改名した。貴重な美術品も多く、高雄曼荼羅(国宝)は空海が唐から持ち帰った両界曼荼羅を原本に描かせたものと伝えられている。空海の入定後は弟子の真済が跡を継ぎ、宝塔を建立して五大虚空蔵菩薩像(国宝)を安置した。この像は5月と10月の特別公開期間に拝観できる。

DATA

住所 京都府京都市右京区梅ケ畑高雄町5
電話 075-861-1769
アクセス JR京都駅からJRバス高雄・京北線で50分、山城高雄下車、徒歩20分
URL http://www.jingoji.or.jp/

奈良

高野山真言宗別格本山

大安寺《だいあんじ》

修行時代からの空海ゆかりの寺

聖徳太子が起源とされる。平城遷都とともに現在の地に移転、大安寺となった。若き日の空海はここで勤操に師事し、勉学に励んだ。後年には別当を務め、多くの弟子たちもこの寺で修行した。御遺告には「大安寺を以て本寺となし」としている。度重なる災禍により被害を受けたが、天平時代の仏像9体は無事に残った。現在は伽藍の再建が進み、往時を偲ぶことができる。本尊の十一面観音立像は例年10～11月に公開される秘仏で、がん封じの御本尊として知られている。もう1つの秘仏・馬頭観音立像は厄除けの仏様で、毎年3月に公開される。

DATA

- 住所 奈良県奈良市大安寺2-18-1
- 電話 0742-61-6312
- アクセス JR・近鉄奈良駅から大安寺・シャープ前・白土町行きバスで10分、大安寺下車、徒歩10分
- URL http://www.daianji.or.jp/

京都

東寺真言宗総本山

東寺《とうじ》(教王護国寺《きょうおうごこくじ》)

日本一の五重塔がシンボル

桓武天皇が平安京を護るために羅城門の東西に2つの官寺を建立した、その1つが東寺。弘仁14(823)年、空海が嵯峨天皇からこの寺を任されたことにより、真言宗の寺院となった。空海の住居だった御影堂(国宝)では、現在でも空海のために毎朝6時に食事やお茶を出す「生身供」が行われている。誰でも参拝できるので、空海を身近に感じることができる。入定日の21日には毎月「御影供」が行われ、縁日(弘法市)で賑わう。境内の五重塔(国宝)は高さ約55mと日本一。現在の塔は5代目で、寛永21(1644)年に徳川家光により再建されたものだ。講堂では仏像による立体曼荼羅を見ることができる。

DATA

- 住所 京都府京都市南区九条町1
- 電話 075-691-3325
- アクセス JR京都駅八条口下車、徒歩15分／近鉄東寺駅下車、徒歩10分
- URL http://toji.or.jp/

真言宗大覚寺派大本山

京都

旧嵯峨御所 大覚寺《だいかくじ》

空海と嵯峨天皇の親交を受け継ぐ

もとは嵯峨天皇の離宮だった場所で、本尊に不動明王を中心とする五大明王を祀っている。飢饉が起こった際に、空海が五大明王に天下泰平を祈願し、空海のすすめにより嵯峨天皇が般若心経を写経したといわれる。現在は、心経写経の根本道場として親しまれている。貞観18(876)年に嵯峨院を大覚寺と号し、嵯峨天皇の子孫である恒寂入道親王が初代門跡(住職)となった。

DATA

住所 京都府京都市右京区嵯峨大沢町4　電話 075-871-0071
アクセス JR嵯峨野線嵯峨嵐山駅北口下車、徒歩20分／京福電鉄嵐山駅下車、徒歩22分
URL http://www.daikakuji.or.jp/

真言宗豊山派総本山

奈良

長谷寺《はせでら》

牡丹の名所で知られる「花の御寺」

天武天皇の病気平癒を願って銅板法華説相図を安置したのが始まり。その後十一面観世音菩薩が民衆のために祀られて、参拝者を増やした。

DATA

住所 奈良県桜井市初瀬731-1
電話 0744-47-7001
アクセス 近鉄大阪線長谷寺駅下車、徒歩15分
URL http://www.hasedera.or.jp/

真言宗善通寺派総本山

香川

善通寺《ぜんつうじ》

空海の幼少時を伝える生誕地

空海が自身の出身地に、両親のために中国の青龍寺を模して建立。寺号の善通寺は、父の諱(いみな)である善通(よしみち)からとった。境内は2つの院に分かれている。東院(伽藍)は、大同2(807)年建立だが、火災に遭ったため、現在の建物は江戸時代後期に再建されたものだ。西院は東院の建立時にはまだ両親の邸宅として使用されており、後世に誕生院として整備された。寺の周辺にも、空海ゆかりの史跡が残されている。四国八十八カ所霊場の75番札所。

DATA

住所 香川県善通寺市善通寺町3-3-1　電話 0877-62-0111
アクセス JR土讃線善通寺駅下車、市民バス空海号で「郷土館前」下車、徒歩3分。またはタクシーで3分。徒歩の場合は20分
URL http://zentsuji.com/

真言宗豊山派

東京

西新井大師《にしあらいだいし》(總持寺《そうじじ》)

空海の霊水が伝わる井戸がある

空海が関東巡錫の際に、病に苦しむ人のために十一面観音を彫って祈祷したところ、枯れ井戸から水が湧き出たと伝えられている。

DATA

住所 東京都足立区西新井1-15-1
電話 03-3890-2345
アクセス 東武大師線大師前駅下車、徒歩5分／日暮里舎人ライナー西新井大師西駅下車、徒歩20分
URL http://www.nishiaraidaishi.or.jp/

真言宗豊山派大本山

東京

護国寺《ごこくじ》

都心に江戸時代の面影を残す

天和元(1681)年、五代将軍徳川綱吉が生母·桂昌院の願を受けて建立。桂昌院念持仏の天然琥珀如意輪観世音菩薩像を本尊としている。

DATA

住所 東京都文京区大塚5-40-1
電話 03-3941-0764
アクセス 東京メトロ有楽町線護国寺駅下車すぐ
URL http://www.gokokuji.or.jp/

真言宗善通寺派大本山

京都

随《ずい》心《しん》院《いん》

小野小町ゆかりの寺

空海から8代目の弟子にあたる仁海が、正暦2(991)年、真言宗小野流の開基として建立。当初は牛皮山曼荼羅寺といった。その後、小野流第5世の僧俊のとき、随心院と改称。昭和に入って善通寺派となった。寺のある小野地区は、土地の有力者·小野氏の領地だったところで、美女として有名な小野小町も移り住んだと伝わり、化粧の井戸などゆかりの史跡が残されている。

DATA

住所 京都府京都市山科区小野御霊町35
電話 075-571-0025
アクセス 地下鉄東西線小野駅下車、徒歩5分
URL http://www.zuishinin.or.jp/

真言宗智山派大本山

千葉

成田山新《しん》勝《しょう》寺《じ》

空海が敬刻開眼した不動明王像が本尊

天慶3(940)年、寛朝による開山。平将門の乱の平定のため、神護寺の不動明王を奉持して護摩祈願し、乱が平定。江戸時代に照範が中興し、江戸庶民の信仰を集めた。

DATA

住所 千葉県成田市成田1
電話 0476-22-2111
アクセス JR成田駅·京成成田駅下車、徒歩10分
URL https://www.naritasan.or.jp/

真言宗智山派総本山

京都 智《ち》積《しゃく》院《いん》

学問の寺として名高い

もともとは紀州·根来山にある大伝法院の塔頭(山内寺院)だったが、豊臣秀吉の根来攻めで焼失し、住職の玄宥は京に逃れた。秀吉没後の慶長6(1601)年、徳川家康から豊国神社の土地と建物を与えられて再興。さらに、秀吉の愛児の菩提寺だった祥雲寺も与えられた。また、ここは学問の寺でもあり、空海の頃からの真言教学を伝えてきた。江戸時代には智山教学が確立され、学僧を輩出した。

DATA

住所 京都府京都市東山区東大路通り七条下る東瓦町964　電話 075-541-5361
アクセス JR京都駅から市バス206系統で東山七条下車、徒歩3分／京阪本線七条駅下車、徒歩約10分
URL https://chisan.or.jp/

真言宗智山派大本山

東京 高《たか》尾《お》山《さん》薬《やく》王《おう》院《いん》

不動明王の化身、飯縄大権現を祀る

天平16(744)年に行基が創建。14世紀に不動明王の化身である飯縄大権現が本尊となった。翼とくちばしを持つ姿から“からす天狗”ともいわれる。

DATA

住所 東京都八王子市高尾町2177
電話 042-661-1115
アクセス 京王線高尾山口駅下車、ケーブルカーで終点下車、徒歩20分
URL https://www.takaosan.or.jp/

真言宗智山派大本山

神奈川 川《かわ》崎《さき》大《だい》師《し》(平《へい》間《けん》寺《じ》)

本尊は厄除け弘法大師

大治3(1128)年、平間兼乗が夢のお告げ通りに海中から弘法大師像を引き揚げて本尊としたのが始まりとされる。江戸時代に将軍が参詣し、厄除け寺としても有名。

DATA

住所 神奈川県川崎市川崎区大師町4-48
電話 044-266-3420
アクセス 京急大師線川崎大師駅下車、徒歩8分／JR川崎駅東口から川崎鶴見臨港バス大師行きで大師バス停下車、徒歩8分
URL https://www.kawasakidaishi.com/

真言宗醍醐派総本山

京都

醍《だい》醐《ご》寺《じ》

醍醐山全域にわたる広大な寺院

開基は貞観16(874)年、空海の孫弟子にあたる聖宝が醍醐山頂上付近で霊水(醍醐水)を得て、観音像を安置したのが始まり。この頂上付近を上醍醐、その後に大伽藍を建設した山麓を下醍醐と呼んでいる。下醍醐に建つ五重塔(国宝)は天暦5(951)年の完成で、京都に残る最古の木造建築物。内部の壁画は日本の密教絵画として貴重なもので、その中の空海像は、現存する最古の空海の画像といわれる。

DATA

住所 京都府京都市伏見区醍醐東大路町22　電話 075-571-0002
アクセス 地下鉄東西線醍醐駅下車、徒歩10分／JR山科駅から京阪バス22・22A系統で醍醐寺前下車、JR京都駅から京阪バス301系統で醍醐寺下車　URL https://www.daigoji.or.jp/

真言宗室生寺派総大本山

奈良

室《む》生《ろう》寺《じ》

女性にも開かれた〝女人高野〟

高野山が近世まで女人禁制だったのに対し、女人に開かれた寺として親しまれた。十一面観音像で有名。奥の院に空海が祀られている。

DATA

住所 奈良県宇陀市室生78
電話 0745-93-2003
アクセス 近鉄大阪線室生口大野駅下車、奈良交通バス室生寺前行きで室生寺前下車、徒歩5分
URL http://www.murouji.or.jp/

真言宗御室派総本山

京都

仁《にん》和《な》寺《じ》

皇室とゆかりの深い御室御所

光孝天皇の発願により建築が始まるが、翌年に崩御されたため、遺志を引き継いだ宇多天皇により、仁和4(888)年に開山。宇多天皇は譲位後に出家してここに住居(御室)を構えたので「御室御所」と称された。その後も明治維新まで皇室出身者が門跡を務めた。密教の世界を伝える仏像の他、空海が唐で経典を書き写した『三十帖冊子』など、古文書や多くの美術品が残されている。

DATA

住所 京都府京都市右京区御室大内33　電話 075-461-1155
アクセス JR嵯峨野線花園駅下車、徒歩15分／京福北野線御室仁和寺駅下車、徒歩3分
URL https://ninnaji.jp/

真言宗須磨寺派大本山

兵庫

須《す》磨《ま》寺《でら》(福祥寺《ふくしょうじ》)

源平ゆかりの名所や宝物が残る

海から出現した聖観世音菩薩を安置するために光考天皇の命により建立されたと伝えられる。一の谷合戦場に近く、源平ゆかりの寺として有名。

DATA

住所 兵庫県神戸市須磨区須磨寺町4-6-8
電話 078-731-0416
アクセス 山陽電鉄須磨寺駅下車、徒歩5分／JR山陽本線須磨駅下車、徒歩12分
URL http://www.sumadera.or.jp/

信貴山真言宗総本山

奈良

朝《ちょう》護《ご》孫《そん》子《し》寺《じ》

山のいたるところで“寅”に出会える

戦勝祈願をする聖徳太子の前に毘沙門天王が出現した場所。その時刻が寅の年·寅の日·寅の刻だったため、寅が縁起物になった。

DATA

住所 奈良県生駒郡平群町信貴山
電話 0745-72-2277
アクセス 近鉄生駒線信貴山下駅から奈良交通バス信貴山門行きで信貴大橋下車、徒歩5分
URL http://www.sigisan.or.jp/

真言宗泉涌寺派総本山

京都 泉涌寺《せんにゅうじ》

歴代天皇の陵墓がある〝御寺〟

前身は空海が創建した法輪寺といわれる。平安時代は荒廃していたが、建保6(1218)年に月輪大師・俊芿が留学していた宋の様式を取り入れて伽藍を建設。このときに霊泉が湧いたので、寺号を泉涌寺とした。皇室との結びつきが強く、明治維新まで歴代天皇の陵墓が築かれたことから、「御寺(皇室の菩提寺)」と呼ばれている。山内寺院のなかには、空海が建てた来迎院や善能寺があり、紅葉の美しい寺として知られる。

御寺 泉涌寺

DATA

住所 京都府京都市東山区泉涌寺山内町27 電話 075-561-1551
アクセス JR奈良線・京阪電鉄本線東福寺駅下車、徒歩20分／JR京都駅烏丸口から、市バス208で泉涌寺道下車、徒歩15分 URL http://mitera.org/

真言宗中山派大本山

兵庫 中山寺《なかやまでら》

全国から参拝者が訪れる"安産の寺"

聖徳太子の創建とされる日本初の観音霊場。本尊は十一面観世音菩薩(重文)。安産・子授け祈願の寺としても知られる。

DATA

住所 兵庫県宝塚市中山寺2-11-1
電話 0797-87-0024
アクセス 阪急電鉄宝塚線中山観音駅下車、徒歩1分／JR宝塚線中山寺駅下車、徒歩10分
URL http://www.nakayamadera.or.jp/

真言宗山階派大本山

京都

勧《か》修《じゅう》寺《じ》

皇室や藤原氏と縁の深い寺

空海に「弘法大師」の諡をした醍醐天皇が、昌泰3(900)年に生母·藤原胤子のために創建した寺で、千手観音像を造り安置した。皇室や藤原氏との結びつきが強く、天永元(1110)年には藤原一族の寛信が長吏(住職)となっている他、江戸時代に皇室および徳川氏から支援を受けている。境内にはハスとスイレンの名所で名高い氷室の池があり、水戸光圀の寄進と伝えられる石灯籠もある。

DATA

住所 京都府京都市山科区勧修寺仁王堂町27-6
電話 075-571-0048　アクセス 地下鉄東西線小野駅下車、徒歩6分　URL なし

新義真言宗総本山

和歌山

根《ね》来《ごろ》寺《じ》

新義教学の学山として栄えた

保延6(1140)年、高野山から根来に移った覚鑁が建立。秀吉の根来攻めで多くを焼失したが、紀州徳川家の保護で復興した。

DATA

住所 和歌山県岩出市根来2286
電話 0736-62-1144
アクセス JR阪和線和泉砂川駅から岩出駅前行きバスで根来寺下車すぐ(停車しない便あり)、または岩出図書館下車、徒歩10分
URL http://www.negoroji.org/

真言三宝宗大本山

兵庫

清《きよし》荒《こう》神《じん》清《せい》澄《ちょう》寺《じ》

カマドの神様である荒神を祀る

寛平8(896)年に宇多天皇の勅願により建立。本尊は大日如来(重文)。鎮守社として三宝荒神社がある、神仏習合の寺である。

DATA

住所 兵庫県宝塚市米谷字清シ1番地
電話 0797-86-6641
アクセス 阪急宝塚線清荒神駅下車、徒歩15分
URL http://www.kiyoshikojin.or.jp/

真言宗の寺院の多くでは、空海の誕生日である6月15日に「降誕祭」、入定日である3月21日と、4月21日に「御影供養」が行われます。内容は寺院により異なります。

〈さくいん付〉空海と密教がわかる用語集54

あ行

阿字観〈あじかん〉⬇P180

「𑖀《ア》」を瞑想することで、大日如来の宇宙に心を広げていく修行法。蓮華の上の満月に𑖀の梵字を描いた掛け軸の前に坐り、𑖀に精神を集中させて心と重なるように瞑想すること。

阿闍梨〈あじゃり〉⬇P187

修行を積み、指導者となった高僧。伝法灌頂などの教授を行う立場となる職位。

か行

月輪観〈がちりんかん〉⬇P180

基本の瞑想。無欠の満月を深く瞑想し、自分の心が清浄な満月と等しいと実感するように修行する。白い円を描いた掛け軸の前で、精神集中をする。

合掌印〈がっしょういん〉⬇P173

両手のひらを向かい合わせる手印の一つで、大日如来との合一を象徴している。右手は仏、左手は自分を意味する。手のひらをぴたりとつける堅実心合掌、手の中に空間を持たせる蓮華合掌などの種類がある。

九識〈くしき〉⬇P100

人間の意識活動を9に分けたもの。眼・耳・鼻・舌・身・意（自覚される意識）・末那（自覚されない意識）、阿頼耶の8つに、阿摩羅（即身成仏の境地にある意識）の9つ。

恵果〈けいか〉⬇P46

空海の密教の師で、唐代の高僧。密教を相承する第七祖で、「金剛頂経」と「大日経」をそれぞれ下敷きにした2つの密教の系統を統合した第一人者。

外護摩〈げごま〉⬇P189

護摩炉に火をともし、護摩木をくべながら真言を唱え、祈祷する儀式。願望を成就するために行う。密教では、炎は仏の智慧とされ、真言を唱えながら護摩木を投げ入れることで煩悩を焼き尽くすとされる。いわゆる護摩。瞑想によっ

※用語の参照ページは、本文などで触れたおもなページのみ記してあります。

て行う護摩は内《ない》護摩という。

結縁灌頂〈けちえんかんじょう〉⬇P184

密教において秘法を伝える儀式。目隠しをして、樒（しきみ）の華を曼荼羅の上に投げ、その華が落ちた仏が、その僧の守り本尊になるというもの。

虚空蔵求聞持法〈こくうぞうぐもんじほう〉⬇P38

虚空蔵菩薩の言葉（真言）を、100日かけて100万回唱える修行。あらゆる経典を記憶し、理解して忘れることがなくなるという。虚空蔵菩薩求聞持法ともいう。

五輪塔〈ごりんとう〉⬇P154

五重塔などの仏塔を簡略化したもので、おもに石で作られ、供養塔・墓塔として使われる。上から、宝珠（円錐）、半円、三角、円、四角の形に作られ、それぞれ空、風、火、水、地（五大）を表している。

金剛界五仏〈こんごうかいごぶつ〉⬇P130

大日如来、宝生如来、阿弥陀如来、阿閦如来、不空成就如来のこと。5つの智慧を表し、五智如来ともいう。

金剛界曼荼羅〈こんごうかいまんだら〉⬇P130～133

両界曼荼羅の一つで、金剛頂経をもとに大日如来の智慧の働きが描かれている。9つのブロックに分け、即身成仏への道程（または仏が教えを説く行程）を表した。

さ行

済世利人〈さいせいりにん〉⬇P108

空海が目指した仏の境地で、真言宗を通して、世を救い、人々に利益を施すこと。修行によって仏と同一の段階へ達したならば、自分だけでなく世の中や他人も幸福へと導くべきとした。

最澄〈さいちょう〉⬇P50

天台宗の開祖。空海と同時期に唐に渡り、唐で修得しきれなかった密教を学ぶべく、帰国後空海と交流を持つ。空海に結縁灌頂まで受けるが、『理趣釈経』の貸し出しを断られ、空海に預けた弟子の泰範が帰山勧告に応じなかったことで、空海との関係が悪くなる。

三教指帰（聾瞽《ろうこ》指帰）〈さんごうしいき〉⬇P42

空海が執筆した「出家の宣言書」と見なされ、3人の師が教えるという戯曲の形で、当時の教えを代表する仏教、道教、儒教についての思想を述べ、いかに仏教が優れているかを描いた。

サンスクリット語〈さんすくりっとご〉⬇P92

古代インドの雅語・文章語。ヒンドゥー教、シーク教、ジャイナ教などの礼拝用語。梵語。

三摩地〈さんまじ〉⬇P170

瞑想で仏に心が集中している状態。三昧、三摩堤ともいう。

三密〈さんみつ〉⬇P81・168

三密＝身密（身体…手に印を結ぶ）、口密（言葉…真言を唱える）、意密（心…仏を心に思う）という3つの活動。密教では、三密行を積むことによって、仏や菩薩と合一する、つまり即身成仏することを理想とする。

樒〈しきみ〉⬇P127

仏前や墓前に供える植物。ハカバナとも呼ばれる。

四重禁戒〈しじゅうきんかい〉⬇P142

行ってはならない4つの戒律で、邪教を信じるべからず、四無量心を捨てるべからず、法を求められたら教えることを惜しむべからず、すべての人に不利益になる行いはするべからず、とされる。**〈対語〉四無量心：**菩薩の戒律で、慈しみの心、哀れみの心、喜びをもたらす心、わが身を捨てて人を救う心のこと。

慈悲〈じひ〉⬇P134

他の生物に対する、分け隔てない愛の形。他人の苦しみを自らの苦しみとし、優しく癒やし、いつくしむ気持ちを意味する。

四曼〈しまん〉⬇P81・129

両界曼荼羅（胎蔵界曼荼羅と金剛界曼荼羅）、三摩耶曼荼羅（仏具で表す）、法曼荼羅（梵字で表す）、羯磨曼荼羅（仏像の彫刻で表す）のこと。万物の源である六大を、目に見える形で表したものとされる。

釈迦〈しゃか〉⬇P139

真言宗においては、大日如来の変化身として扱われることが多い如来。はじめて人々に仏教の教えを説いた、仏教の開祖といわれる。

手印〈しゅいん〉⬇P172

両手の指を組み合わせたもので、仏様の悟りの内容を形にした。三密の中の「身密」にあたる行為。合掌印、拳印、定印などがあり、僧侶や行者は、印に象徴される諸尊の悟りの力を身に受け、一体化するために手印を結ぶ。

十住心論〈じゅうじゅうしんろん〉⬇P96

空海の主著で、正確には『秘密曼荼羅十住心論』。密教思想の集大成。行者の心が悟りに至るまでの発展を十段階に分けて説いた。真言宗を最高の思想とし、さまざまな思想や宗教を段階に分けて比較批判した書でもある。

綜芸種智院〈しゅげいしゅちいん〉⬇P59

空海によって東寺の東隣に創設された、わが国最初の庶民のための学校。専門的な学習でなく、総合的な視野の広い人材を養成する内容で、貧しい人でも教育が受けられるよう、完全給費制であった。

修正会〈しゅしょうえ〉⬇P159

仏教寺院において毎年正月に行われる法会。国家安泰や五穀豊穣を祈る。

真言〈しんごん・しんげん〉⬇P176

仏自身の言葉のことで、梵語（サンスクリット語）で「真実の言葉」を意味する。梵語のままで発音するため、意味はわかりにくいが、仏の言葉をそのまま唱えることによって、仏と共鳴し、一体化できると考えられている。

即身成仏〈そくしんじょうぶつ〉⬇P88・100

生きている間に心身ともに仏となること。密教では、あの世で幸せになるのではなく、この世で幸せになることを重視した。具体的には三密を実行することで即身成仏を目指す。

卒塔婆〈そとば〉⬇P155

五輪塔を簡略化したもので、板や角柱で作られ、供養の際に使われる。上部の切り込みは、上から、宝珠、半円、三角、円、四角の形に作られ、それぞれ空、風、火、水、地（五大）を表している。塔婆。

た行

大学〈だいがく〉⬇P34
都に唯一置かれた官僚養成機関。大学寮。本来は高位の貴族の子弟だけが入学できる施設だが、位が低くとも優秀なら入学は許された。

胎蔵界曼荼羅〈たいぞうかいまんだら〉⬇P127・134～137
両界曼荼羅の一つで、大日経をもとに大日如来の慈悲の展開が描かれている。中央に位置する大日如来から、放射線状に仏尊を配している。

大日如来〈だいにちにょらい〉⬇P70・80・92・141
真言宗において教義の中心とされ、宇宙の源である最高格の仏尊。万物はすべて大日如来によって生まれ、生かされており、目に見える仏は大日如来の化身とされている。

智慧〈ちえ〉⬇P130
密教では、真理を見極める認識力・判断力を指し、修行の中で仏の宇宙に心を開く力。「知恵」は困難を乗り越える自身の力、「智慧」は煩悩や迷いを払拭する仏の力として書き分けられている。

な行

入我我入〈にゅうがにゅう〉⬇P180
仏と一体となった状態で、密教における最高の境地。大日如来と合一しており、自分という境界がなくなった状態。

入定〈にゅうじょう〉⬇P66
位の高い僧が亡くなること。永遠の悟りの世界に入ったととらえ、生死の境を超えた修行の境地に達したとする。

如来〈にょらい〉⬇P138
悟りを開き、真理をたたえる仏尊。如来の中でも、真言宗では大日如来だけは最高に位置する別格神で、その他の如来は出家者の姿で表されている。

念珠〈ねんじゅ〉⬇P151

いわゆる数珠のことを密教では念珠と呼ぶ。基本は煩悩を象徴する108個の珠に分かれており、2つの大きな珠（達磨）を備えている。手に持って擦り合わせることには、煩悩をすり減らすという意味がある。

は行

八葉〈はちよう〉⬇P135

胎蔵界曼荼羅の中央、中大八葉院の蓮の花びら。

八祖〈はっそ〉⬇P70

真言八祖ともいい、付法の八祖と伝持の八祖がある。付法の八祖は、真言宗の教えが伝授された系譜を神格である大日如来から表し、大日如来、金剛薩埵、龍猛菩薩、龍智菩薩、金剛智三蔵、不空三蔵、恵果阿闍梨、空海（弘法大師）を指す。伝持の八祖は、実際に存在する人物に限定し、大日如来、金剛薩埵のかわりに善無畏三蔵、一行禅師を加えた八人を指す。

般若心経〈はんにゃしんぎょう〉⬇P116～122

般若心経は観音菩薩の救いを説く短い経典で、般若とは仏の智慧のこと。一切は無の境地であると、仏の世界を認識することで智慧を身につけることを説いている。

秘蔵宝鑰〈ひぞうほうやく〉⬇P62

空海が57歳のときに著し『十住心論』の要旨を三巻にまとめたもの。秘蔵宝鑰のほうが引用が少ないが、広論にはない「菩提心論」の三摩地段の引用や、国家と仏教との関係を論じた、憂国公子と玄関法師の問答が加えられている。**〈関連〉十住心論**

弁顕密二教論〈べんけんみつにきょうろん〉⬇P112

顕教と密教を比較し、密教の優位性を問答法にて記した空海の著書。仏身論、教えの本質、成仏の遅速、利益の優劣の4つを要旨とする。略して『二教論』とも。

遍路〈へんろ〉⬇P196

空海の生誕地・修行の霊跡である四国の八十八カ所の札所を巡ること。すべて回ると「結願成就」となる。遍路のときに身に着ける菅笠には「同行二人」とあり、空海（弘法大師）とともに歩いていることを意味する。

菩薩〈ぼさつ〉 ⬇P142

悟りを求める者という意味で、如来が修行を完成した者を表すのに対し、菩薩はより人間に近い修行者の姿をしている。苦悩を取り除き、福を与える仏尊。

法身仏〈ほっしんぶつ〉 ⬇P80

宇宙の原理そのものである根源仏のこと。大日如来のこと。

梵我一如〈ぼんがいちにょ〉 ⬇P105

宇宙の根本原理（ブラフマン＝梵）と自我（アートマン＝我）は一体である、という古代インドの思想。

梵字〈ぼんじ〉 ⬇P179

インドで生まれた文字で、梵語（サンスクリット語）を表記する。密教では、真言を表したり、仏を象徴する文字として使われている。

ま行

曼荼羅〈まんだら〉 ⬇P126

密教の世界観を、仏尊や真言で表した図案。多くの仏は円や正方形の中に描かれ、全体として精緻を極めた幾何学的な構図になっている。両界曼荼羅、三摩耶曼荼羅、法曼荼羅、羯磨曼荼羅の４種がある。

密教〈みっきょう〉 ⬇P25・70・88

宇宙の中にある永遠の仏（大日如来）から直接、真理を体感する仏教の立場。心も身体も、すべてが仏と一体化する境地へと達する修行方法をとる。**〈対語〉顕教：**現世に姿を現した仏である釈迦が、相手に応じて教えを説くとする立場。言葉や文字などで学び、釈迦が到達した悟りの世界や真理に達する修行方法をとる。

密厳仏国〈みつごんぶっこく〉 ⬇P108

空海が目指した世のあり方で、現世に仏の国をつくること。人が皆、仏の心を持ち、仏の精神が生きている世界。

明王〈みょうおう〉⬇P146

怒りの形相をし、火焔を背負った如来の変化とされる仏尊。悪い心を退治し、悟りに導くとされる。不動明王が代表的。唯一、孔雀明王はおだやかな顔立ちをしている。

ら行

六種供養〈ろくしゅくよう〉⬇P193

茶湯を供える、香を塗る、花を供える、焼香する、仏前にご飯を供える、燈明を灯す、という仏前での6つの行い。仏を供養するとともに、感謝の心を持つという意味合いがある。

六大〈ろくだい〉⬇P81・83・84

この世の中にあるものすべての源。地（不変）、水（柔軟）、火（成熟）、風（活動）、空（無限）、識（意識）の6種で、森羅万象はこの6つの組み合わせの違いで作られると考えられている。

おもな参考図書

『学研雑学百科　仏教詳解』（宇野正樹 ほか著、学研プラス）、『空海［DVD］』（佐藤純彌 監督、東映ビデオ〝LTD〟）、『空海　生涯と思想』（宮坂宥勝 著、ちくま学芸文庫）、『空海 即身成仏義』『空海 弁顕密二教論』（ともに金岡秀友 訳・解説、太陽出版）、『空海入門』（加藤精一 著、大蔵出版）、『空海入門――弘仁のモダニスト』（竹内信夫 著、ちくま新書）、『空海の思想について』（梅原 猛 著、講談社学術文庫）、『空海の風景（上・下）』（司馬遼太郎 著、中公文庫）、『弘法大師・空海を読む』（加藤精一 訳著、大法輪閣）、『実修　真言宗の密教と修行』（大森義成 編著、学研プラス）、『詳解 空海と真言宗』（福田亮成 監修、学研プラス）、『真言宗の常識』（新居祐政 著、朱鷺書房）、『真言密教の本　空海伝説の謎と即身成仏の秘密』（学研プラス）、『図説 密教入門』（大栗道榮 著、すずき出版）、『世界宗教大事典』（山折哲雄 監修、平凡社）、『般若心経 金剛般若経』（中村 元 ほか訳註、岩波文庫）、『仏像の事典』（熊田由美子 監修、成美堂出版）、『仏典を知る　空海の世界』（山折哲雄 監修、佼成出版社）、『マンガ 密教入門　密教の神秘を解き明かす』（金岡秀友 監修、サンマーク文庫）、『曼荼羅　悟りの宇宙［DVD］』（川島大樹 監督、カウンターポイント）、『密教の本　驚くべき秘儀・修法の世界』（学研プラス）

他

――「空海の言葉」参照文献――

『空海 言葉の輝き』（竹内信夫 文、ピエ・ブックス）、『空海「三教指帰」』（加藤純隆 ほか訳、角川ソフィア文庫）、『空海 即身成仏義』『空海 弁顕密二教論』（ともに金岡秀友 訳・解説、太陽出版）、『現代に生きる 空海の言葉』（大栗道榮 著、日文新書）、『弘法大師 空海百話――新装版』（佐伯泉澄 著、東方出版）、『日本人のこころの言葉 空海』（村上保壽 著、創元社）

画像協力

観蔵院 曼荼羅美術館　東京都練馬区南田中4-15-24　TEL：03-3996-6911
（株）滝田商店　東京都台東区寿2-8-11　TEL：03-3841-6191
http://www.butsudanya.co.jp/
仏教美術 天竺　静岡県三島市加屋町1-13　TEL：055-972-9676
https://hotoke.net/

監修者プロフィール

島田裕巳（しまだ ひろみ）

1953年東京生まれ。東京大学文学部宗教学宗教史学専修課程卒業、東京大学大学院人文科学研究課博士課程修了。放送教育開発センター助教授、日本女子大学教授、東京大学先端科学技術研究センター特任研究員を歴任。現在は作家、宗教学者、東京女子大学非常勤講師。主な著書に、『創価学会』（新潮新書）、『日本の10大新宗教』、『葬式は、要らない』、『浄土真宗はなぜ日本でいちばん多いのか』（幻冬舎新書）などがある。とくに、『葬式は、要らない』は30万部のベストセラーになる。

宝島SUGOI文庫

知れば知るほど面白い　空海と密教
（しればしるほどおもしろい　くうかいとみっきょう）

2023年6月20日　第1刷発行

監修　島田裕巳
発行人　蓮見清一
発行所　株式会社 宝島社
〒102-8388　東京都千代田区一番町25番地
電話：営業 03(3234)4621／編集 03(3239)0927
https://tkj.jp
印刷・製本　株式会社広済堂ネクスト

Printed in Japan
First published 2011 by Takarajimasha, Inc.
ISBN978-4-299-04349-8

知れば知るほど面白い
天皇家の謎
宝島社